일본이 흔들린다

경제, 정책, 산업, 인구로 살펴본 일본의 현재와 미래

일본이 흔들린다

정영효 지음

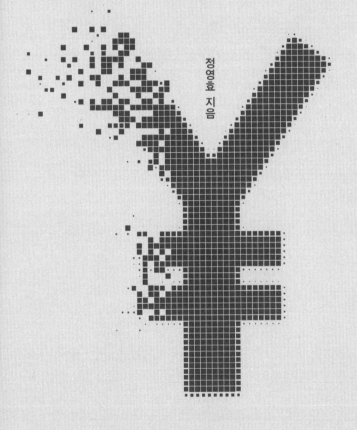

한국경제신문

노벨상을 받은 경제학자 사이먼 쿠즈네츠는 "세계에는 네 종류의 국가가 있다. 선진국, 개발도상국, 일본, 아르헨티나"라는 말을 남겼다. 제2차 세계대전 패전으로부터 30여 년 만에 선진국 반열에 오른 일본과 20세기 초반 세계 5대 경제대국에서 개발도상국으로 전락한 아르헨티나는 그만큼 예외적인 나라다.

오늘날 아르헨티나의 난맥상을 보면 당분간 이 나라가 옛 영광을 되찾기는 어려워 보인다. 반대로 일본은 '일본의 기적'을 통해 이룩한 세계 3대 경제대국의 지위를 유지하기 버거워 보인다.

"지난 10년간 일본이 변한 게 느껴지십니까?"

장기간 일본에서 근무한 관료와 기업인들에게 내가 공통으로 던진 질문이다. 2020년 3월 〈한국경제신문〉 도쿄 특파원으로 부임한 이후 취재원들과 처음 만난 자리에서의 인사는 항상 이 질문으로 시작했다.

2016~2017년 게이오대학교 미디어커뮤니케이션 연구소에 방문연구원 자격으로 머물렀을 때 일본은 한결같다는 점이 매력이었다. "젊은 시절 유학 이후 20여 년 만인데도 사회 시스템이 별반 달라지지 않아서 반갑기도 하고 적응하기도 편했다"라는 이들

이 적지 않았다.

그런데 코로나19가 세계를 덮친 2020년 이후에는 하나같이 "일본이 많이 변했다"고들 했다. 그리고 "국가 경쟁력이 급격히 떨어지는 게 느껴진다"라고 입을 모아 말했다. "한 나라가 불과 몇 년 만에 이렇게 뒤처질 수 있는지 신기할 정도다"라고 말하는 관료가 있었다. "오늘날 일본에 자동차와 소재·부품·장비 산업 외에 경쟁력 있는 분야가 뭐가 있나. 더는 이 나라로부터 배울 건 없다"라고 단언하는 기업 최고경영자(CEO)도 있었다.

일본이 예전 같지 않다는 점은 기업들이 먼저 느끼며 반응하고 있다. 글로벌 무대의 최전선에서 매일같이 창칼을 맞대다 보니 경쟁국과 경쟁사의 미묘한 변화를 누구보다 빠르게 감지하기 때문일 것이다. 과거 한국 대기업들의 일본 법인장과 지사장은 사장급이었다. 지난 10~20년간 일본 법인장·지사장은 전무, 상무급 임원으로 격하됐다. 최근에는 부장, 차장급이 법인장이나 지사장으로 오는 사례도 드물지 않다.

나 역시 2016년 연수 시절과 2020년 특파원 시절의 일본이 달라진 걸 느낀다. 도로에서 자동차 경적을 듣는 횟수, 거리에 쓰레기가 굴러다니는 빈도, 혼잡한 거리에서 어깨를 부딪친 상대가 '실례했습니다'라고 사과하지 않는 확률 등이 불과 3~4년 새 전혀 달라졌다.

배우 겸 연출가 송승환도 이러한 물줄기의 변화를 읽은 듯하다. 2021년 도쿄올림픽 개폐회식을 지켜본 송승환은 "저희 세대는 평생 일본을 따라잡으려고 노력했다. 이번에 일본에 와서 느낀 점은 이제 우리가 일본을 거의 따라잡았고, 문화와 예술 면에서는 이제 일본을 앞서가고 있다는 자부심도 든다"라고 말했다. 한편 도쿄 특파원 부임 전 일본을 거쳐 간 선배 기업인, 언론인들은 "일본이 한물갔다는 평가는 몇십 년 전부터 반복되었지만 그래도 일본은 일본이라는 점을 절대 잊지 말라"라고 조언했다. 세계에서 6번째로 많은 노벨상 수상자를 배출한 기초기술 분야의 저력, 수십 년간 쌓아 올린 제조업 경쟁력 그리고 이를 뒷받침하는 일본 특유의 모노즈쿠리(モノづくり, 장인정신)는 한국이 도저히 따라잡을 수 없는 영역이라고 했다. 확실히 자신의 기술을 부단히 갈고 닦아 어제보다 조금이라도 나은 제품을 만들어내겠다는 일본의 장인정신은 한국으로서 두렵기까지 한 경쟁력이었다.

고열에서 수십만 회를 사용해도 조금도 마모가 되지 않는 나사와 볼트, 이 제품을 만들어낸 기업이 종업원 3명을 데리고 3대째 나사만 전문적으로 만드는 초미니 기업이라는 놀라움, 이 무명의 중소기업 제품이 미국 항공우주국(NASA)의 선택을 받았다는 미담 등은 한국과 일본 사이의 격차가 까마득하던 시기에 학창 시절을 보내며 귀가 따갑게 듣던 얘기들이다. 하지만 워크맨과 플레이스테이션, 하이브리드 자동차 이후 '세상에 이런 물건이 다 있구나'라고 우리를 감탄시킨 일본 제품이 있었던가.

일본에는 불행하게도 오늘날의 세계는 '게임 체인저'의 시대다. '어제보다 조금 나은 오늘'은 설 자리가 없다. 어제까지만 해도 존재하지 않았던 기술과 서비스가 갑자기 세상을 뒤바꾸고 있다. 애플이 구상하고 설계한 아이폰을 대만 폭스콘이 생산하는 것처럼 기초기술은 사서 쓰고, 첨단 제조기술은 하청으로 돌릴 수 있는 시대다.

제품과 서비스에 요구되는 수명이 길어야 3~4년에서 짧게는 수개월 남짓으로 줄어든 이 시대에 일부 명품을 제외하면 100년 동안 쓸 수 있는 고가의 제품보다 5년 정도 써도 탈이 없으면서

값은 적당한 제품이 더 주목받는다.

　제조업의 시대 장인정신이 일본을 세계 최고의 경쟁력을 지닌 나라로 이끈 원동력이었다면 혁신의 시대에 장인정신은 변화를 가로막는 장애물이라는 비판이 일본 내부에서 나오는 이유다. 그런데도 '일본은 있다·없다'라는 해묵은 논쟁은 대부분 전문가들의 경험담이거나 대가의 통찰이었던 게 사실이다. 체계적인 자료와 통계에 근거해 일본이 정말 한물갔는지 따지고 든 책은 본 기억이 없다.

　그런 책을 써보고 싶었다. 연수와 특파원 생활을 합쳐 5년 동안 하루도 빠짐없이 '일본의 변화'를 기록한 내가 할 수 있고 해야 하는 영역이라고 생각했다. '내가 겪어보니 말이야'라거나 '지인 중에 일본에서 30년을 산 사람이 그러는데 말이야' 또는 '내가 만난 일본 전문가의 말인데'가 아니라 일본 정부의 통계와 이를 해석한 전문가 보고서, 언론 해설 기사 등을 깊이 있게 소화하고 싶었다. 이를 토대로 예전 같지 않은 일본의 현재와 그 원인을 객관적으로 짚어보고자 했다.

　그런 점에서, 이 책은 수십 년간 반복되는 일본 위기론을 다른 이유와 관점에서 접근하고 각종 경제지표와 통계, 구체적인 사례들을 근거로 제시한 기록이라고 자신한다.

PART 1에서는 일본경제의 위상이 1990년 거품(버블)경제 붕괴 이후 얼마나 추락했는지 총괄했다. 코로나19 이후 "눈 깜짝할 사이 후진국이 됐다"라는 일본 내부의 자조가 단순히 엄살이 아님을 다양한 통계와 소비시장의 변화 등으로 설명했다. 경제를 반영하는 거울인 주식시장의 위상이 크게 낮아진 현실도 조명했다.

PART 2에서는 '잃어버린 30년' 초장기 불황에서 일본을 구해내기는커녕 더욱 앞날을 가늠할 수 없는 늪으로 밀어 넣은 일본 정부의 패착을 짚었다. 국내총생산(GDP) 대비 가장 높은 규모의 '코로나 예산'을 쏟아붓고도 주요국 가운데 가장 느린 회복 속도, 세계에서 가장 앞서 '전자정부'를 구상하고도 팩스와 플로피 디스크로 업무를 보는 관공서 등 일본 정부와 행정 서비스의 어이없는 현실을 담았다.

PART 3은 1990년대까지 세계를 석권했던 일본 대기업들이 속절없이 무너져 내리는 장면을 추적했다. '재팬 이즈 넘버원'이라는 기술중심주의에 취해 디지털과 온라인, 스마트폰 시대에 대응을 소홀히 한 찰나에 오늘날 일본기업들이 생존경쟁에 내몰리게 했음을 증언하는 기록이다.

PART 4는 일본의 인구 문제를 다뤘다. '일본이 처한 모든 문제의 근원은 저출산·고령화에서 시작됐다'라는 결론은 일본경제를 관찰하면서 내린 것이다. 아이 울음소리가 사라지고, 노인들만 남는 것이 한 나라를 어떻게 시름시름 앓게 하는지 직접 현장을 찾아다니며 기록했다.

김칫국부터 마시는 것일 수도 있겠지만 일본의 쇠퇴를 객관적인 통계와 수치로 증명했다는 점에서 이 책이 소위 국뽕에 취한 이들에게 일본을 '까는' 괜찮은 근거가 될 수 있겠다는 생각도 해본다. 그러나 이 책의 취지는 그게 아니라는 점을 분명히 밝혀둔다.

아무리 차이점을 강조해도 이 세상에 일본만큼 한국과 닮은 나라는 없다. 일본과 사회 시스템 및 경제구조가 비슷한 한국은 일본이 걸어간 길을 싫든 좋든 밟아간다는 점도 부인할 수 없는 사실이다. 책을 써 내려가면서 더욱 강하게 느낀 부분이지만 이 책에서 다룬 모든 문장의 주어를 '일본'에서 '한국'으로 바꿔도 그대로 통한다.

《일본이 흔들린다》라는 제목에서 밝히고 있듯 일본이 위기를 맞고, 대응에 실패한 부분을 집중적으로 조명한 책이다. 한국이 같은 길을 걷지 않기를 바라는 마음을 한 문장, 한 문장에 담았다. 부족한 부분이 많은 기록이지만 한국이 '일본병'에 걸리지 않도록 예방하는 '일본화 방지 백신'이 되기를 기대한다.

일본이 흔들린다
차례

PART 4

나이 들고 무기력한 나라의 우울한 미래
인구와 사회

PART 1

엔화의 안전자산 신화가
무너지고 있다

경제와 증시

01

선진국 꼴찌로 밀려나는
일본의 한탄

1인당 국민소득 세계 28위, 국가경쟁력 세계 31위, 디지털 기술력 27위, 남녀평등지수 116위. 이 나라는 선진국인가, 아닌가. 오늘날 일본의 현주소다.

거품경제가 붕괴한 1990년 일본의 1인당 GDP는 2만 5,896달러로 세계 8위였다. 한국은 6,610달러로 42위, 일본과 차이는 4배에 달했다. 2000년 일본의 1인당 GDP는 3만 9,173달러로 세계 2위까지 상승했다. 한국은 1만 2,263달러로 10년 만에 2배 늘었지만, 세계 순위는 35위였다. 일본과의 차이도 3배가 넘었다.

2021년 일본의 1인당 GDP는 3만 9,340달러로 세계 28위, 한국은 3만 3,801달러로 세계 30위였다. 한국이 일본을 턱밑까지 추격할 수 있었던 건 1인당 GDP가 20년 새 3배 가까이 늘었기 때문이기도 하지만 일본의 정체가 심각했던 탓이 더 컸다(〔그림 1-1〕).

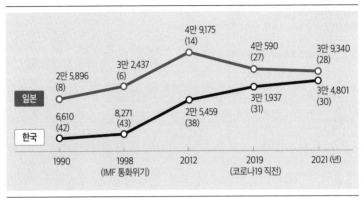

[그림 1-1] 한·일 1인당 GDP   (단위: 달러)

일본
2만 5,896 (8)
3만 2,437 (6)
4만 9,175 (14)
4만 590 (27)
3만 9,340 (28)

한국
6,610 (42)
8,271 (43)
2만 5,459 (38)
3만 1,937 (31)
3만 4,801 (30)

1990   1998 (IMF 통화위기)   2012   2019 (코로나19 직전)   2021 (년)

*괄호 안은 세계 순위
출처: IMF

선진국으로 보기 힘든 각종 지표

2012년 4만 9,175달러까지 늘었던 일본의 1인당 GDP는 9년 만에 19% 감소했다. 세계 순위가 20년 만에 이렇게 추락한 나라는 선진국 가운데 일본이 유일하다.

'세계 3위 경제대국'의 지위도 위태롭다. 국제통화기금(IMF)에 따르면 달러 기준으로 2021년 일본의 GDP는 4조 9,374억 달러였다. 2012년에 비해 GDP가 21% 줄었다. 2013년 아베노믹스(아베 신조 전 일본 총리의 대규모 경기부양책)를 시작해 인위적으로 엔화 약세를 유도한 결과 달러 기준 GDP가 줄어든 것이다.

이 기간에 GDP가 줄어든 나라 역시 G7 가운데 일본이 유일하다. 2012년 2조 7,430억 달러였던 4위 독일 GDP와의 격차는 7,115

억 달러까지 줄었다. 일본 내부에서조차 "눈 깜짝할 사이 후진국이 됐다"라는 한탄이 나오는 이유다.

GDP의 256%까지 불어나 G7 가운데 단연 최악인 국가부채 비율은 일본의 미래 또한 밝지 않음을 경고한다. 디지털 기술력 순위 27위(한국 8위), 전자정부 순위 14위(한국 2위), 종합 국가경쟁력 순위 31위(한국 23위) 등 미래 경쟁력 부문에서 일본은 도저히 선진국이라고 보기 힘든 성적표를 받아들었다. 국제연합(UN)의 2021년 지속 가능한 발전 달성도에서도 일본은 19위(한국 27위)로 매년 순위가 떨어지고 있다.

〈니혼게이자이신문〉은 "중국이 앞서 나가는 5세대(5G) 통신규격 경쟁에는 뛰어들지도 못했고, 특기였던 반도체는 미국·한국·대만에 뒤처졌다"라며 "전기차 전환이 한참 늦은 데다 신재생에너지 분야는 유럽·중국과 격차가 크게 벌어졌다"라고 지적했다.

한때 최상위권이던 노동생산성도 선진국이라고 평가하기 어려운 수준까지 떨어졌다. 2020년 일본 근로자 1인당 노동생산성은 7만 8,655달러로 경제협력개발기구(OECD) 38개국 가운데 28위였다. 일본 제조업의 노동생산성은 2000년까지 세계 1위였지만 2019년 18위까지 밀렸다. 노동생산성이 떨어지면서 임금도 30년 가까이 제자리걸음이다. 지난 30년간 미국의 평균 연봉은 2.6배, 독일과 프랑스는 2배가량 증가했다. 반면 일본은 4% 오르는 데 그쳤다. 총무성 관료 출신으로 일본 최대 이동통신사 NTT도코모 대표를 지낸 데라사키 아키라 일본 정보통신진흥회 이사장은 "1인당 GDP가 세계 25위로 떨어진 나라가 어떻게 선진국이냐"며 "현재 일본은 쇠퇴도상국이자 발전정체국"이라고 했다.

주요국 가운데 일본경제는 코로나19 충격에서 가장 더디게 회복하고 있다. IMF는 2022년 일본의 경제성장률을 2.4%로 전망했는데, 애초 전망치보다 0.9%포인트 낮춘 것이었다. 미국은 3.7%, 유럽연합(EU)과 중국은 각각 2.8%와 4.4%로 모두 일본을 웃돈다.

자국 통화 기준으로도 미국의 GDP는 2021년 중반 코로나19 이전 수준을 회복했지만, 일본은 2022년 2분기에야 2019년 3분기의 최대치(557조 엔)를 넘어섰다. 세계 GDP에서 일본경제가 차지하는 비중은 1994년 18%에서 2017년 이후 6%를 밑돌고 있다.

모든 분야에서 뒤처지는 국제경쟁력

일본이 세계 경쟁에서 밀려나는 분야는 경제만이 아니다. 보석 기간 중 악기 상자에 숨어 레바논으로 탈출하여 '세기의 탈주극'으로 주목받은 카를로스 곤 전 르노·닛산·미쓰비시 회장은 각종 언론 인터뷰마다 일본 사법제도의 후진성을 비판한다.

"일본에서 재판을 받는 데만 수년이 걸린다는 걸 깨달았을 때 도주를 결심했다. 일본 형사재판은 99.4%가 유죄가 된다는 것을 알고 나 자신을 지킬 수 없다고 판단했다"라며 도주의 정당성을 주장한다. 닛산 회장으로 재직한 8년간 91억 엔의 보수를 줄여서 신고하고 회삿돈을 빼돌린 혐의를 받는 그가 피해자 행세를 하는 상황이다.

그런데 국제사회도 곤 회장의 주장에 일부 공감을 표시했다. UN 전문가 그룹은 "카를로스 곤이 일본에서 4차례에 걸쳐 구속·구류된 과정은 근본적으로 부당하다"라며 "무죄 추정의 원칙 측면에서 그의 권리는 침해당했다"라는 보고서를 제출했다.

한국의 형사소송법에 따라 피의자는 구속 6개월 이내에 재판을 받거나 보석으로 풀려날 수 있다. 반면 일본은 구속 기간 제한이 없어 피의자의 기본권을 침해한다는 지적을 받는다. 1995년 사린가스 사건을 일으킨 옴 진리교 핵심 관계자들이 2011년 확정판결을 받기까지 16년이 걸린 사례도 있다. 사린가스 사건은 사이비 종교단체인 옴 진리교 신자들이 출근길 도쿄 지하철에 맹독성 가스인 사린을 살포해 13명이 사망하고 6,300명이 다친 사건이다.

곤 회장의 측근인 그레그 켈리 전 닛산자동차 대표는 2022년 3월 도쿄지방법원으로부터 징역 6개월, 집행유예 3년을 선고받기까지 3년 4개월간 구속됐다. 영국 공영방송 BBC는 "일본 사법제도의 복잡함과 선진국 사법제도와의 격차를 세계에 노출했다"라고 지적했다.

후쿠시마 원전사고를 겪고도 '환경 후진국' 신세를 면치 못했다는 자성도 나온다. 일본은 세계 5위 이산화탄소 배출국이지만 시대의 조류인 탈석탄사회 실현을 선언한 건 120번째였다. '인권 후진국'이라는 비판에서도 자유롭지 못하다. 신장위구르자치구와 홍콩의 인권 탄압, 미얀마군의 쿠데타, 러시아의 우크라이나 침공을 놓고 일본은 미국과 유럽에 비해 어정쩡한 자세로 일관했다는 지적을 받았다.

1975~1989년 세계에서 두 번째로 많은 신약을 개발한 '바이오 강국'의 지위를 잃은 지도 오래다. 코로나19 백신을 자체 개발하는 데 실패하면서 일본의 백신 접종률은 한동안 세계 100위권을 맴돌았다.

일본의 근대화와 경제 성장을 이끈 주역이라는 평가를 받는 '교육 경쟁력'도 흔들리고 있다. 문부과학성 과학기술·학술정책연구소에 따르면 일본의 인구 100만 명당 박사 학위 취득자는 2008년 131명에서 2018년 120명으로 줄었다.

100만 명당 박사 학위 소지자가 약 400명인 영국과 300여 명인 독일, 한국, 미국을 크게 밑돌았다. 주요국 가운데 박사 비율이 줄어든 나라는 일본이 유일했다. 2007년 연간 276명이었던 미국 박사 취득자는 2017년 117명으로 줄었다. 국가별 순위도 21위까지 떨어졌다. 1990년대 전반까지 세계 3위였던 우수 과학논문 순위도 2018년 10위로 떨어졌다.

세계 최하위권인 남녀평등지수

선진국 탈락을 막으려 몸부림치는 일본의 발목을 잡아끄는 또 다른 후진성은 남녀 격차다. 2022년 세계경제포럼(다보스포럼)이 발표한 〈성 격차 보고서〉에서 일본의 남녀평등지수는 146개국 가운데 116위(한국 99위)였다. 아프리카와 아랍 국가들을 제외하면 최하위였다.

일본의 여성 국회의원(중의원 기준) 비율은 9.67%로 세계 165위다. 여성 의사(21.9%), 판사(22.6%), 학교장(16.4%) 비율도 선진국과 큰 격차를 보인다. 2021년 국가 공무원 채용 종합직 시험(한국의 행정고시)에서 여성 응시자 비율(40.3%)과 합격율(35.4%)은 모두 사상 최고치를 나타냈지만 사무차관과 국장 등 고위 관료의 여성 비율은 4.4%에 불과했다. 2005년의 1.1%에 비해 크게 늘었지만 2025년까지 여성 고위 관료를 8%까지 늘리려는 일본 정부 목표와 괴리는 크다.

여성 과장의 비율도 5.9%에 불과하다. 민간 기업의 여성 임원과 관리직 비율 역시 14.8%(2019년 기준)로 선진국에 뒤처져 있다. 일본 최대 경제단체 게이단렌은 2030년까지 기업의 여성 임원 비율을 30%까지 높인다는 목표를 세웠다. 하지만 20명에 달하는 게이단렌 부회장 가운데 여성은 한 명(DeNA의 회장 난바 도모코)뿐이다. 컨설팅 회사 이우먼의 사사키 가오리 사장은 "일본도 여성 할당제를 적극적으로 도입해야 한다"라고 말했다.

일본 남성 근로자의 비정규직 비율이 22.2%인데 반해 여성 근로자는 54.4%가 비정규직이다. 여성의 임금 수준은 남성의 77.5%로 OECD 평균인 88.4%를 크게 밑돈다.

02

해외로 빠져나가는 일본의 부

"1,000조 엔 규모인 일본 국가 부채의 절반은 일본은행이 사들이고 있다. 일본은행은 정부의 자회사다. 만기가 돌아오면 다시 일본은행으로부터 빌려서 막으면 된다. 국가 부채가 늘어나는 것을 걱정할 필요 없이 적극적으로 경제 대책을 펼쳐야 한다."

2022년 7월 총격으로 사망한 아베 신조 전 일본 총리가 5월 9일 오이타현의 한 강연에서 쏟아낸 발언이다. 법적으로 독립성을 인정받는 일본은행을 '정부 자회사'라고 표현한 것이 논란이 됐다. 아베 전 총리도 자신의 발언이 문제가 되자 "비유적으로 그렇다는 것"이라고 해명했다.

하지만 많은 사람이 아베 전 총리가 펼친 논리를 들어 일본은 걱정이 없다고 믿는다. 국가 부채가 GDP의 256%까지 늘었지만 부채의 절반 이상을 일본은행이 갖고 있으니 문제가 없다는 논리다. 일본은행이 자회사니까 돈을 또 찍어내면 된다는 것이다. 또는 일본은행이라는 방파제가 무너져도 2021년 말 2,000조 엔을 넘은 일본 가계의 금융자산이 있어서 괜찮다고 한다. 일본이 부도 위기에 몰려도 갚을 빚은 총 1,000조 엔 남짓. 2,000조 엔의 금융자산을 가진 일본인들이 국채를 사줄 테니 끄떡없다는 믿음이다.

일본의 최대 채권자는 일본은행

아베 전 총리의 발언대로 일본은행은 일본 정부의 최대 채권자다. '아베노믹스'를 주도한 구로다 하루히코 일본은행 총재가 취임하기 직전인 2013년 3월 말 일본 정부가 발행한 국채 가운데 일본은행의 보유 비중은 약 13%였다. 2022년 3월 말 일본은행의 보유 비중은 약 43%로 3배 이상 늘었다([그림 1-2]). 일본은행은 2022년 6월 월간 기준으로 사상 최대 규모인 16조 2,000억 엔의 일본 국채를 매입했다. 그 결과 6월 말 기준 일본은행의 국채 보유 비중은 50%를 넘은 것으로 추산됐다.

일본은행은 최근 수년간 일본 정부가 발행하는 국채의 절반 이상을 사들였다. 심할 때는 90%를 쓸어 담기도 했다. 중앙은행이 국채를 사들여 정부의 운영 자금을 대는 구도를 재정 파이낸스라고 한다.

일본은 재정 파이낸스를 법으로 금하고 있다. 군국주의 시절 일

[그림 1-2] 일본 국채의 보유 비중

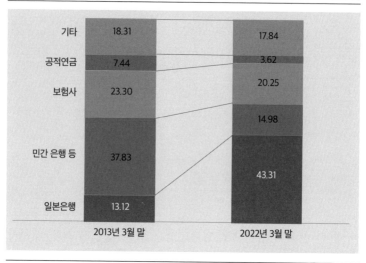

(단위: %)

	2013년 3월 말	2022년 3월 말
기타	18.31	17.84
공적연금	7.44	3.62
보험사	23.30	20.25
		14.98
민간 은행 등	37.83	43.31
일본은행	13.12	

출처: 일본은행

본은행이 일본 정부가 찍어낸 국채를 전쟁자금으로 댔다는 반성에서 나온 법이다. 그러자 일본은행은 금융회사가 사들인 국채를 되사는 간접적인 방식으로 사실상의 재정 파이낸스를 하고 있다.

일본은행이 국채를 쓸어 담으면 국채 가격은 오르고 가격과 반대로 움직이는 금리는 떨어진다. 금리가 '제로(0)'에 가까우니 일본 정부로서는 1,000조 엔에 달하는 빚의 이자 부담을 줄일 수 있고, 거리낌 없이 새로 국채를 찍어낼 수도 있다. 빚의 절반을 일본은행이 갖고 있으니 빚 독촉에 시달릴 일도 없다.

아무리 그래도 빚이 1,000조 엔이나 되니 부담이 될 수밖에 없다. 일본 정부는 지금도 1년 예산의 25%를 국채 원리금을 갚는

[그림 1-3] 2022년 일본의 예산 사용 항목

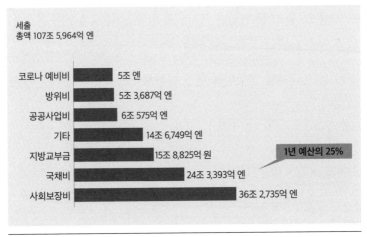

출처: 일본 재무성

데 쓴다.

일본 재무성에 따르면 일본 정부는 앞으로 10년간 국채 이자로만 매년 8조 엔을 지불해야 한다. 이는 어디까지나 지금까지와 같은 초저금리가 계속된다는 전제를 토대로 분석한 수치다. 세계적인 금리 상승 국면에서 일본은행도 언젠가 금리를 올릴 수밖에 없는 때가 온다. 그렇게 되면 이자 부담은 더욱 무거워진다.

금리가 재무성 예상보다 1% 더 오르면 2025년부터 연간 이자 부담은 3조 7,000억 엔 더 늘어난다. 예상보다 2% 오르면 이자 부담이 7조 5,000억 엔 더 증가한다. 이자로만 매년 15조 엔 안팎을 내야 한다. 참고로 일본의 1년 방위비가 5조 엔을 조금 넘는다 ([그림 1-3]).

일본 정부의 빚쟁이가 일본은행과 일본 금융회사만은 아니다. 2010년 5%를 조금 넘었던 외국인의 일본 국채 보유 비율은 2021년 13.4%까지 늘었다. 일본경제가 휘청거릴 때 외국인이 130조 엔이 넘는 국채를 한꺼번에 던질 가능성에도 대비해야 하는 상황이 됐다.

일본을 버리는 일본인

그런데도 일본인들이 2,000조 엔 넘는 금융자산을 갖고 있으니 괜찮다? 한국의 금반지 모으기 운동처럼 일본이 국가부도 위기에 몰렸을 때 일본인들이 국채 사주기 국민운동을 벌일지는 별개로 치자. 사주고 싶어도 못 사주는 상황이 벌어질 수도 있다. 일본의 부가 해외로 이탈할 조짐을 보이기 때문이다.

일본은행에 따르면 2021년 말 일본의 가계 금융자산은 2,023조 엔으로 처음 2,000조 엔을 넘어섰다. 1,000조 엔을 돌파한 1992년 이후 30년 만에 2배가 됐다. 이 가운데 절반이 넘는 1,092조 엔을 일본인들은 현금과 예금으로 보유하고 있다. 여차하면 일본 국민이 일본 국채를 사주면 된다는 믿음은 이 두둑한 현금 보따리에서 나온다.

하지만 2022년 들어 분위기가 바뀌었다. 2022년 4월 이후 JP모간체이스은행과 미즈호은행 등 대형 은행들은 잇따라 일본 가계 부문의 '캐피털 플라이트(자본 도피)' 가능성을 경고하는 보고서를 공개했다.

경제적인 측면에서 보면 일본인의 자본 도피는 합리적인 행동이다. 2022년 들어 엔화 가치는 20% 넘게 급락했다. 미국과 일본의 국채 금리차는 3%를 웃돈다. 일본인들은 가만 앉아서 20%를 손해 본 셈이다. 대신 엔화를 팔고 달러를 사서 미국 국채에 투자했다면 20%의 환차익에 3%의 금리차까지 얻을 수 있었다.

2016년부터 마이너스 금리 정책을 도입한 결과 일본의 예금금리는 사실상 '제로(0)'다. 엔화를 끌어안고 있어 봐야 이자 소득을 기대하기도 어렵다. 30년 가까이 물가가 오르지 않던 시대에는 예금금리가 제로여도 상관없었다. 엔화는 안전자산이었기 때문에 그 자체만으로 보유할 가치가 있다고 여겨졌다.

하지만 판이 바뀌었다. 엔저(低)가 수입물가를 급등시켜 재화와 서비스 가격을 인상하는 '나쁜 엔저'의 시대가 열리면서다. 주변의 일상용품과 식품 가격이 일제히 오르기 시작하자 가지고 있어 봐야 가치가 떨어지기만 하는 엔화는 '불안한 자산'으로 변했다.

일본의 부가 해외로 빠져나가고 있다는 사실은 통계로 확인된다. 2022년 1분기 실질 GDP는 연이율 환산 538조 7,000억 엔이었다. 다만 GDP 계산에 사용된 물가는 2015년 기준이었다. 2015년 이후의 가격 변동과 교역 조건 악화를 반영하고 있지 않다는 뜻이다.

이 변화를 감안한 실질 국내총소득(GDI)은 527조 2,000억 엔이었다. 실질 GDP와 실질 GDI의 차이인 11조 5,000억 엔만큼이 해외로 유출된 소득이다. 주요국 가운데 심각한 부의 유출을 겪는 나라는 일본뿐이다. 엔화 가치가 유독 많이 떨어진 탓이다. 일본의 가계자산이 본격적으로 해외로 빠져나가면 엔화 약세의 속도는 더욱 빨라지고 자본도피의 유혹은 더욱 커진다.

가라카마 다이스케 미즈호은행 수석시장 이코노미스트는 그럴 가능성이 있다고 분석한다. 그는 "대세를 따르는 경향이 강한 일본인들이 해외자산을 사들이기 위해 엔화를 팔기 시작하는 것이 가장 무서운 '엔저 리스크'"라며 "가계 금융자산의 10%만 외화자산으로 이동해도 100조 엔어치의 엔화 매도가 일어난다"라고 설명했다. 2021년도 일본 무역적자(5조 3,700억 엔)의 20배에 달하는 규모다.

미국증시로 향하는 일본 자금

과거에도 엔화 가치가 떨어지거나 금리차가 벌어질 때마다 일본의 부가 해외로 빠져나갈 것이라는 우려가 있었다. 하지만 매번 기우였고, 가계의 엔화 예금은 늘어만 갔다. 그런데 이번은 다르다고 분석했다. 엔화자산을 외화자산으로 바꾸는 게 간단해졌기 때문이다. 예전에는 외화자산에 투자하려면 평일 영업시간에 금융회사의 창구를 직접 방문해야 했다. 현재는 자택에서 24시간 인터넷으로 거래할 수 있다.

일본에서 금융자산을 가장 많이 가진 연령층이 70대 전후 베이비붐 세대(단카이 세대)다. 일본의 전성기를 누린 이들은 해외여행과 해외제품 구매에 익숙하다. 윗세대와 달리 외화자산을 보유하는 데 거부감이 없다고 분석한다.

비슷한 시기 일본의 자본도피 가능성을 지적한 사사키 도루 JP모간체이스은행 시장조사부장은 "휘발유와 식품 가격 급등에 대응하고자 외화를 많이 보유해두는 편이 좋다는 발상이 확산할 수 있다"라고 말했다.

주식시장에서도 일본 자금이 일본기업을 '패싱'하고 미국기업에 구애를 보내고 있다. 금융 정보회사 레피니티브(Refinitiv)에 따르면 2021년 일본 투자신탁을 거쳐 해외주식에 투자한 금액이 8조 3,000억 엔에 달했다. 조사를 시작한 1998년 이후 최대 규모다. 일본주식에 투자된 금액(280억 엔)의 300배에 달했다. 일본 개인투자가들의 자금도 해외로 빠져나가고 있다.

2022년 1~4월까지 일본의 투자신탁을 통해 미국에 투자된 금액은 1조 5,000억 엔에 달했다. 일본에 투자된 금액은 3,000억 엔이었다. 일본의 개인투자가들이 자국 시장을 떠나는 건 일본주식의 인기가 떨어졌기 때문이다. 2017~2022년 5월까지 미국 우량주로 구성된 S&P500지수가 55% 오르는 동안 일본 우량주의 토픽스지수는 5% 올랐다.

경영의 효율성을 나타내는 자기자본이익률(ROE)에서도 미·일 주식의 격차는 크다. 지난 20여 년간 토픽스지수 구성 종목은 평균 10%를 밑돈 반면 S&P500지수 구성 종목은 10% 후반대였다. 자사주 매입과 배당 등 주주환원도 미국 상장사가 일본보다 훨씬 후하다.

거시적인 측면에서도 미국은 일본과 비교가 안 될 정도로 매력적인 투자처다. 1990년부터 30년간 일본의 명목 GDP는 20%, 임금은 4% 늘어나는 데 그쳤다. 같은 기간 미국의 GDP는 3.5배, 임금은 48% 증가했다. 일본은 고령화와 재정 악화 같은 국가적인 과제도 헤쳐나가야 한다. 〈니혼게이자이신문〉은 "미래가 불안한 일본인들 사이에서 자산을 해외로 옮겨두려는 수요가 늘어나는 것은 당연하다"라고 분석했다.

03

약한 일본경제의
상징이 된 엔저

"저도 슈퍼는 가지만 (장은) 집사람이 보기 때문에….."

(2022년 6월 3일, 참의원 예산위원회에 참석한 구로다 하루히코 일본은행 총

재의 발언)

"장은 안 보지만 미디어에서 소개하는 시민들이나 주부들의 목

소리를 통해 (물가상승을) 실감하고 있다."

(2022년 6월 10일, 국무회의 직후 스즈키 준이치 재무상의 기자 회견)

2022년 6월 13일 달러당 엔화 가치가 135.22엔으로 24년 만의

최저치를 기록하자 통화 정책을 담당하는 재무상과 일본은행 총

재가 잇따라 "장을 제가 안 봐서"라는 고백을 하고 있다. 무슨 일

이 있었던 걸까.

발단은 구로다 일본은행 총재의 일주일 전 강연이었다. 이 자

리에서 구로다 총재는 "일본 가계의 가격인상 허용도가 높아지고 있다"라고 말했다. 일본인들이 최근의 물가상승과 가격인상을 받아들이기 시작했다는 뜻이다.

그는 도쿄대학교 조사 결과를 근거로 들었다. '단골가게에서 늘 사던 상품 가격이 10% 오르면 다른 가게로 가시겠습니까?'라는 질문에 '다른 가게로 가겠다'라는 응답자 비율이 2021년 8월 57%에서 2022년 4월 44%로 낮아졌다. 이를 두고 구로다 총재가 "일본인들도 물가상승을 받아들이기 시작했다"라고 진단했다.

분명 틀린 말이 아니었지만 비난이 쏟아졌다. 구로다 총재는 국회 참의원 예산위원회에서 해명하고, 총리관저에서 열린 경제재정자문회의 이후 기자단에도 "오해를 불러일으키는 표현이라는 점에서 죄송하게 생각한다"라고 사죄했다. 그것도 모자라 결국 발언을 철회했다.

30년 동안 제자리걸음하는 임금, 2022년 마이너스 기록

구로다 총재의 발언이 여론의 뭇매를 맞은 건 최근 엔화의 움직임과 관련이 있다. 발언 다음 날 달러당 엔화 가치는 133엔으로 20년 만의 최저치로 떨어졌다. 9월 22일에는 145엔까지 떨어져 1998년 10월의 147.64엔 이후 24년 만의 최저치를 기록했다. 엔화 가치는 2022년 들어서만 20% 이상 하락했다. 주요국 통화 가운데 가치가 가장 크게 떨어졌다.

엔화 환율은 미국과 일본의 금리차를 그대로 반영하고 있다. 2022년 8월 미일 금리차가 줄어들었을 때는 엔화 가치가 완만하게 오르면서 환율이 안정적이었다. 그런데 2022년 9월 10일 미·일 금리차(2년 만기 국채 기준)가 3.1%포인트로 2018년 11월 이래 처음으로 3%를 넘자 엔화 가치가 추락했다.

헤지펀드를 비롯해 글로벌 투자자금이 엔화를 팔고 달러를 사들이면서 엔화 가치가 급격히 떨어졌다고 분석한다. 국제통화연구소가 물가와 경제 상황을 고려해서 분석한 엔화의 이론 가치는 110엔이었다. 실제 환율(145엔)보다 약 30% 평가절하돼 있다. 1973년 데이터 집계를 시작한 이래 가장 큰 폭의 괴리다.

엔화 급락으로 고통받는 건 일반 서민들과 일본 전체 기업의 99.7%를 차지하는 중소기업이다. 세계 2위 자원 수입국인 일본은 원자재 가격 상승이 경상수지 적자를 악화시켜 엔화 가치를 떨어뜨리고, 떨어진 엔화 가치로 인해 원자재값 급등의 충격이 증폭되는 악순환에 빠졌다. 2022년 6월 국제유가(배럴당 약 120달러)는 엔화 가치가 지금과 비슷한 수준인 1998년보다 8배 높다.

1년 전과 비교해 일본의 수입 물가는 사상 최대폭인 40% 이상 오르고 있다. 이 때문에 일본의 8월 물가상승률은 2.8%로 5개월 연속 일본은행의 목표치인 2%를 넘었다. 임금이 오르지 않는 일본에서 물가가 이렇게 오르자 실질적인 소득이 줄어들었다.

후생노동성에 따르면 8월 실질임금은 1년 전보다 1.7% 감소했다. 실질임금이 5개월 연속 마이너스를 기록했다. 가격협상에서 유리한 입장인 대기업들은 상품과 서비스 가격을 올려서 버틸 수 있다. 반면 대기업의 상품과 서비스를 기반으로 사업을 하거나 생존하는 중소기업과 서민들은 한계 상황에 몰리고 있다.

제국데이터뱅크에 따르면 2022년 5월 일본의 기업도산 건수는 517건으로 2021년 같은 달보다 12.1% 많았다. 기업도산 건수가 1년 전 같은 기간을 웃돈 건 사실상 2020년 7월 이후 처음이다. 100엔숍, 목욕탕, 세탁소 등 일상생활과 밀접한 관련이 있는 가게들이 주로 문을 닫았다.

2022년 식품 상장기업들이 가격을 인상한(인상 발표 포함) 제품이 1만 개를 넘었다는 조사도 나왔다. 온갖 먹을거리는 전부 올랐다는 의미다. 지난 30여 년간 물가가 오르지 않은 일본인들에게 생활용품과 식품 가격이 이렇게 오르는 것은 상상하기 힘든 충격과 부담이다.

이런 상황에서 구로다 총재는 "가계의 가격인상 허용도가 높아지는 것은 지속적인 물가상승을 목표로 하는 관점에서 볼 때 중요한 변화"라고 발언했다. 조금 적나라하게 해석하면 "물가가 오르기만 바라고 있었는데 일본은행 입장에서는 정말 잘됐다"라는 뜻이다.

온라인에서 "'가난한 사람은 죽어'라는 것과 뭐가 다른가", "지금 서민은 가격인상을 허용(許容)이 아니라 강요(强要, '허용'과 '강요' 둘 다 일본어로는 '교요'라고 비슷하게 발음한다) 당하고 있다. 착각하지 말라"는 비판이 쏟아진 이유다.

서민만 죽어나는 물가상승

문제가 된 구로다 총재의 발언은 개인적인 생각이라기보다 일본 은행, 나아가 일본 정부의 공통된 생각으로 봐도 틀리지 않는다. 구로다 총재는 2013년 4월 취임 직후 대규모 금융완화 정책을 도입한 아베노믹스의 선봉장이다.

2016년에는 세계 최초로 마이너스 금리 정책도 도입했다. 목표는 단 하나, '물가상승률을 2% 수준에서 안정적으로 유지해 일본을 지긋지긋한 디플레이션에서 탈출시킨다'이다. 돈을 무제한으로 풀어 기업 실적을 개선하면 임금인상, 소비진작, 물가상승으로 이어진다는 논리다([그림 1-4]). 하지만 10년간의 대규모 금융완화에도 불구하고 일본은행은 목표 달성에 실패했다. 세계적인 금리인상 움직임과 반대로 엔화 약세를 감수하면서 일본이 금융완화를 유지하는 이유 역시 경기가 좋아져서 물가가 오르는 것이다.

구로다 총재나 일본은행, 일본 정부도 인플레를 내심 반겼던 이유다. 이 반가움을 "가계의 가격인상 허용도가 높아졌다"라고 표현한 것이다. 거시 경제 측면에서 틀린 말이 아니지만 고통받는

[그림 1-4] 일본의 물가상승률 변화 (단위: %)

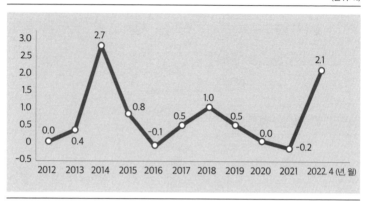

출처: 일본 총무성

서민들에게는 불에 기름을 끼얹는 발언이었다.

구로다 총재와 일본은행은 '일본인들이 현재의 물가상승을 충분히 견딜 수 있다'라고 분석하며, 근거로 드는 게 강제저축이다. 강제저축은 코로나19로 외출과 소비가 제한되면서 예금에 묶여 있는 돈을 말한다.

2021년 4월 일본은행의 '경제·물가정세의 전망(전망리포트)'에 처음 등장한 표현이다. 이때만 해도 20조 엔이었던 강제저축은 2022년 3월 말 55조 엔으로 2.8배 불었다. 일본 GDP의 10%에 달하는 규모다.

일본은행은 "코로나가 수습되면 소비자들이 강제저축 일부를 사용하면서 개인 소비가 늘어날 것"이라고 전망한다. 물가가 일시적으로 올라도 강제저축이 완충 역할을 해서 괜찮을 것이라고도 분석한다.

하지만 일본은행 통계에 따르면 강제저축의 80%인 45조 엔은 연수입(세대 기준)이 800만 엔 이상인 고소득층이 갖고 있다. 일본의 한 가구당 연수입은 400만 엔을 조금 넘는다. 연수입이 400만 엔 미만인 세대의 강제저축 비율은 1%에 불과하다.

대규모 금융완화 덕분에 주가가 오르면서 부유층의 자산은 더 늘어난 반면 영업 단축, 휴업, 휴직 등에 내몰린 서민들이 저축한 돈도 찾아서 쓴 탓이다. 실제로 총무성의 2021년 4월 가계 조사에 따르면 2인 이상의 세대가 한 달 동안 사용한 돈은 30만 4,510엔으로 1년 전보다 1.7% 줄었다. 물가가 오르자 불안해진 사람들이 소비를 더 줄인 결과다.

구로다 총재는 고소득층에 몰려 있는 강제저축을 근거로 "일본인들이 물가상승을 받아들이기 시작했고, 강제저축이 있어서 괜찮다"라는 진단을 내놨다. 엔화 급락이 대기업과 부유층, 중소기업과 서민들을 갈라치기하는데 일본 중앙은행 리더는 현실 감각 없는 인식을 하고 있다고 비판을 받는 이유다. 스즈키 준이치 재무상이 "장은 제가 안 보지만"이라고 해명한 것도 '나라님들은 완전히 딴 세상에 산다'라는 서민들의 불만을 누그러뜨리려는 의도로 해석된다.

대다수 전문가도 일본이 대규모 금융완화 정책을 유지하는 데 동의한다. 주요국 가운데 유일하게 GDP가 코로나19 확산 이전 수준을 회복하지 못했기 때문이다. 일본 정부로서 엔저와 물가상승은 내버려둘 수 없는 과제다. 결과적으로 일본은행은 대규모 금융완화 정책을 유지하면서 물가도 잡는 과제를 안게 됐다. 난로를 활활 태우면서 체감온도는 뜨겁지 않아야 하는 모순된 숙제를 구로다 총재의 일본은행이 풀어낼 수 있을까. 어느 쪽이든 일본경제의 펀더멘털(기초 체력)이 약해졌음을 나타내는 엔저로 인해 일본인들의 삶이 더 팍팍해진 건 틀림없어 보인다.

04

엔화의 기축통화
탈락 시그널

'살인적인 물가'의 대명사 일본에서 맥도날드 햄버거가 59엔, 100
엔숍의 상품 가격이 50엔이었던 때가 있었다. 믿어지지 않겠지만
불과 20년 전인 2002년의 일이다. 2022년 일본은 '엔저'로 뒤숭
숭하다. 엔화 가치 약세가 30년째 오르지 않던 물가를 갑자기 밀
어 올려 중소기업과 서민들의 부담이 급격히 커진 탓이다. 달러당
140엔 근처까지 떨어진 일본의 통화가치는 햄버거 한 개가 59엔,
100엔숍이 50엔숍이던 시절과 비슷한 수준이다.

2002년 1월 달러당 엔화값은 135엔까지 떨어졌다. 2001년 일
어난 미국 9·11테러의 여파로 일본은 심각한 경기침체를 겪고 있
었다. 실업률이 5%를 넘으면서 고용·소득 감소에 이어 소비도 위
축됐다. 10월에는 일본 주식시장을 대표하는 225개 기업으로 구
성된 지수인 닛케이225지수가 8,498까지 곤두박질쳤다.

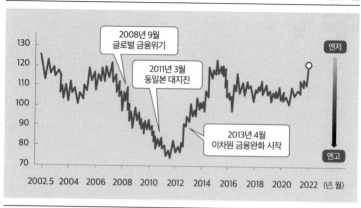

[그림 1-5] **달러당 엔화 가치의 변화 추이**

(단위: 엔)

출처: 레피니티브

    통화가치는 국가 경제의 실력을 나타낸다. 달러가 세계 1강 통화의 위치를 굳힌 동안 엔화는 기축통화 대열에서 이탈할 조짐마저 보였다. 최근에는 안전자산 대접도 받지 못하고 있다. 지정학적 위기가 높아질 때마다 엔화 가치가 상승하는 외환시장의 공식이 무너지고 있다.

    2022년 2월 러시아가 우크라이나를 침공하자 안전자산의 수요가 커져 엔화 가치가 치솟을 것으로 예상했다. 예상과 달리 엔화는 주요 25개국 통화 가운데 두 번째로 약세를 면치 못했다. 그동안 엔화는 전쟁 등으로 투자자의 위험 회피 심리가 강해지면 어김없이 가치가 올랐다. 2008년 글로벌 금융 위기 당시 엔화 환율은 4개월 만에 달러당 110엔대에서 80엔대로 떨어졌다(엔화 가치 상승). 2011년 동일본대지진 때는 환율이 75.32엔으로 제2차 세계대전 이후 최저 수준까지 내려갔다([그림 1-5]).

'안전자산 엔화' 신화의 주역은 수출 제조업체들이었다. 도요타자동차와 소니 등 일본의 대표 제조업체들은 해외에서 벌어들인 막대한 외화를 팔고 엔화를 샀다. 경상수지 흑자가 쌓이면서 2020년 말 일본의 대외 순자산은 356조 9,700억 엔으로 30년 연속 세계 1위를 기록했다. 우에노 다이사쿠 미쓰비시UFJ모건스탠리증권 수석전략가는 "지정학적 위기로 금융시장이 불안해도 엔화 가치는 일본의 경상흑자 덕분에 계속 오를 것이란 믿음이 있었다"라고 설명했다.

엔 캐리 트레이드(Yen carry trade)도 '위기 때는 엔화 매수' 공식을 굳어지게 한 재료였다. 엔 캐리 트레이드는 이자율이 거의 '제로'인 일본에서 엔화를 빌려 금리가 높은 해외 금융상품에 투자하는 전략을 말한다. 투자자들은 위기가 발생하면 엔 캐리 트레이드를 청산하고 엔화를 매수함으로써 엔화 가치를 끌어올리는 주체로 변신했다.

우크라이나 침공 이후 기존의 공식이 통하지 않는 것은 경상흑자와 엔 캐리 트레이드라는 양대 축이 무너졌기 때문이다. 글로벌 금융위기 이후 일본 제조업체들은 '엔고(高)'를 피해 해외로 진출하면서 일본의 수출 규모도 크게 줄었다.

일본경제산업성에 따르면 일본기업의 현지법인은 2만 5,693곳(2019년 기준)으로 주요 경제대국 가운데 가장 많다. 2010년 183

조 2,000억 엔이었던 해외법인 매출은 2018년 290조 9,000억 엔으로 58.8% 늘었다. 일본 제조업의 해외생산 비율은 18.1%에서 25.1%로 증가했다.

해외에서 먹거리를 찾으려는 일본기업들의 움직임은 줄어들지 않고 있다. 일본은행에 따르면 일본기업이 내수시장에서 올리는 이익률은 매출의 3%를 밑도는 반면 해외 현지법인의 이익률은 6%에 달한다.

2021년 일본기업의 해외기업 인수·합병(M&A)은 7조 737억 엔으로 전년보다 59.1% 늘어난 반면 해외기업의 일본기업 M&A는 6조 3,237억 엔으로 8.9% 줄었다. 반대로 동일본대지진 이후 원자력발전 비중을 낮추기 위해 화력발전 의존도를 크게 높인 결과 원유와 액화천연가스(LNG) 수입이 급증했다. 일본경제가 에너지 가격의 영향을 크게 받는 구조로 바뀐 것이다.

위기 때마다 엔화를 사들이던 엔 캐리 청산 수요도 예전 같지 않았다. 코로나19 확산 이후 미국 등 주요국 중앙은행들이 기준금리를 제로 수준까지 낮추면서 엔화 대신 달러를 빌려 다른 나라 자산에 투자하는 '달러 캐리 트레이드'가 유행했다. 전문가들은 경상수지 적자가 엔화 가치를 떨어뜨리고 엔화 가치 하락이 다시 경상수지 적자 폭을 키우는 악순환이 일어날 수 있다고 경고했다.

통화가치, 60개국 중 56위

엔화 가치가 떨어지고 물가는 오르지 않으면서 엔화의 구매력은 50년 전으로 후퇴했다. 주요국 통화에 대한 엔화의 가치를 나타내는 실질실효환율이 세계 최저 수준으로 떨어졌다.

국제결제은행(BIS)과 일본은행에 따르면 1월 엔화의 실질실효환율은 67.55엔으로 1972년 6월(67.49) 이후 50년 만의 최저치를 나타냈다. 1972년 달러당 엔화는 308엔, 일반 근로자들의 월급은 10만 엔대였다. 엔화 가치와 평균소득 모두 2022년의 3분의 1 수준이던 때다.

1월 실질실효환율은 2022년 엔화의 구매력이 1972년 수준으로 후퇴했음을 의미한다. 1995년 150을 넘었던 수치가 25년 만에 반토막 났다. 실질실효환율은 BIS가 세계 60개국 통화를 상대국 간 환율과 무역 거래량, 물가 차이 등을 종합적으로 반영해서 산출한 통화의 가치다. 2010년을 100으로 보고 이보다 낮으면 해당 통화의 구매력이 떨어졌음을 의미한다.

60개 주요 통화 가운데 위안화가 131.01로 가장 높고 달러(119.75)와 파운드(105.15)도 100을 넘는다. 한국은 2018년 9월 114.74 이후 지속해서 떨어져 1월 103.28까지 하락했지만 100 이상은 유지하고 있다. 60개국 가운데 19번째다. 엔화보다 실질실효환율이 낮은 통화는 아르헨티나 페소와 콜롬비아 페소, 브라

[그림 1-6] 주요국 실질실효환율과 일본 실질실효환율

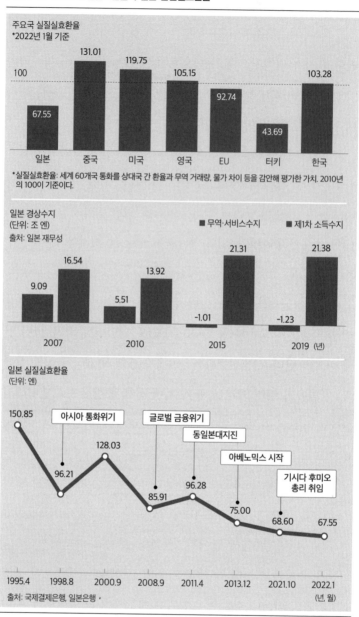

주요국 실질실효환율
*2022년 1월 기준

100 — 일본 67.55 / 중국 131.01 / 미국 119.75 / 영국 105.15 / EU 92.74 / 터키 43.69 / 한국 103.28

*실질실효환율: 세계 60개국 통화를 상대국 간 환율과 무역 거래량, 물가 차이 등을 감안해 평가한 가치. 2010년의 100이 기준이다.

일본 경상수지
(단위: 조 엔)
출처: 일본 재무성

■ 무역·서비스수지 ■ 제1차 소득수지

2007: 9.09 / 16.54
2010: 5.51 / 13.92
2015: -1.01 / 21.31
2019: -1.23 / 21.38 (년)

일본 실질실효환율
(단위: 엔)

1995.4 150.85
아시아 통화위기
1998.8 96.21
2000.9 128.03
글로벌 금융위기
2008.9 85.91
동일본대지진
2011.4 96.28
아베노믹스 시작
2013.12 75.00
2021.10 68.60
기시다 후미오 총리 취임
2022.1 67.55

1995.4 1998.8 2000.9 2008.9 2011.4 2013.12 2021.10 2022.1

출처: 국제결제은행, 일본은행
(년, 월)

질 헤알, 터키 리라 등 4개뿐이다.

엔화의 실질실효환율이 추락한 것은 일본경제가 '잃어버린 30년'의 장기침체에 빠지면서 물가가 오르지 않았기 때문이다. 2013년 집권한 아베 신조 전 총리가 인위적으로 엔화 가치를 떨어뜨리는 '아베노믹스'를 추진하면서 하락세에 가속도가 붙었다.

최근에는 일본기업의 생산시설 해외 이전(오프쇼어링) 등 적극적인 해외 진출이 엔화의 위상 추락을 부추기는 것으로 보인다. 해외법인을 통해 벌어들인 수익은 무역수지가 아니라 제1차 소득수지(해외법인과 해외자산을 통해 벌어들인 배당과 이자소득)에 반영된다([그림 1-6]).

무역수지에 반영되던 흑자가 1차 소득수지로 이전되면서 '엔저'를 차단할 엔화 매수세가 사라지고 있다. 바클레이즈증권은 "최근 일본기업들은 해외에서 벌어들인 수익 대부분을 현지에 재투자한다"라고 분석했다.

05

해외여행을 무섭게 만든
디플레에 엔저 '이중고'

10년 전 태국 현지에서 대표 요리인 똠얌꿍을 565엔이면 먹을 수 있었다. 하지만 2022년 초에는 920엔으로 올랐고, 엔화 가치가 20% 떨어진 지금은 1,000엔을 내야 맛볼 수 있다. 태국은 즐길 거리가 많은 데 비해 물가가 저렴해 일본인들의 인기 관광지다. 하지만 오늘날 일본인들에게 태국 물가는 그렇게 만만하지 않다. 2022년 들어 엔화 가치가 약 20% 넘게 떨어진 탓이다.

태국식 덮밥인 가파오 가격이 10년 전엔 130엔이었는데 2022년 초에는 200엔, 2022년 6월은 220엔이다. 10년 새 먹거리 가격이 2배, 그 가운데 지난 반년 동안에만 20% 오른 것이다. 일본의 태국 레스토랑 프랜차이즈인 망고트리카페에서 '똠얌꿍 누들' 메뉴 가격은 1,210엔(평일 점심 기준)이다. 태국에서 먹으나, 일본에서 먹으나 큰 차이가 없다.

세계의 물가를 비교할 때 자주 쓰는 빅맥 가격이 일본은 390엔이다. 세계 33위다. 태국은 443엔으로 25위다. 중국과 한국이 440엔대로 뒤를 잇고 있다. 다른 나라들의 물가는 꾸준히 올랐는데 일본은 '잃어버린 30년'의 장기침체 동안 물가가 오르지 않다 보니 어느새 '싼 나라'가 돼버렸다. 2022년은 엔화 가치가 급락하면서 더 싼 나라가 됐다. 그 결과 10~20년 전만 해도 '국내여행보다 해외여행이 훨씬 싸다'라며 세계 곳곳을 누볐던 일본인들에게 외국은 큰맘 먹고 나서야 하는 곳이 됐다. 최근 일본 미디어들은 "해외여행은 부유층의 특권이고, 일반인들은 신혼여행으로 가고시마나 도쿄 근처 온천 지역인 아타미를 가던 1960~70년대로 돌아가는 것 아니냐"라고 우려한다.

세계에서 아이폰이 제일 싼 나라

해외여행이 과거와 같이 만만한 여가 수단이 아니다 보니 일본에서는 의외의 산업이 특수를 누리고 있다. 해외 여행지에서 비싼 물가에 움츠러드느니 차라리 국내여행을 풍족하게 하겠다는 소비자를 타깃으로 한 상품이 등장했다.

나고야의 백화점 마쓰자카야는 '애스틴마틴으로 떠나는 궁극의 교토'라는 여행 프로그램을 출시했다. 1박 2일 코스가 1인당 38만 엔인데도 의외로 잘 팔린다는 설명이다. 마쓰자카야 관계자는 경제 전문 뉴스 WBS에 "엔저의 영향으로 해외여행을 망설이는 사람이 늘지 않을까 해서 국내여행 상품을 출시했다"라고 밝혔다.

한 개에 수천만 원씩 하는 명품시계도 불티나게 팔리고 있다. 엔화 가치가 계속해서 떨어지니 수입 가격은 점점 오르고 있다. '해외여행 대신 명품'을 찾는 소비자가 늘면서 수요도 증가 추세다. 그러니 '오늘이 제일 싸다'라며 가격이 오르기 전에 명품 구매 행렬에 줄을 선다는 것이다.

일본의 가격이 싸다 보니 해외에서 '직구'하는 수요도 늘고 있다. 일본의 명품 전문 매장에서 롤렉스 '코스모그래프 데이토나'는 5만 123달러에 판다. 반면 미국 현지 매장에서는 같은 상품이 5만 9,950달러로 1만 달러 가까이 비싸게 팔린다. 미국과 홍콩 등 세계 각지에서 주문이 몰리고 있다고 한다.

일본시계협회는 2021년 손목시계 시장 규모가 7,139억 엔으로 2020년보다 15% 커진 것으로 추산했다. 일본백화점협회에 따르면 2022년 5월 백화점 매출은 3,882억 엔으로 2021년 같은 기간보다 57.8% 늘었다.

'싼 나라 일본'은 아이폰 가격을 비교해봐도 알 수 있다. 일본 시장 조사업체인 MM종합연구소가 34개 주요국의 최신 기종 아이폰 가격을 조사한 결과 일본이 가장 저렴했다.

2021년 9월 발매된 아이폰13(128GB)은 일본 판매가격이 9만

8,800엔으로 유일하게 10만 엔 이하였다. 미국은 11만 엔대, 영국과 독일 등 유럽은 12만 엔대였다. 12만 6,433엔인 세계 평균보다 2만 7,000엔(21%) 쌌다. 가장 비싼 브라질은 대당 가격이 20만 7,221엔으로 일본의 2.1배였다.

MM종합연구소는 "만성 디플레에 시달리는 일본은 다른 나라보다 가격을 올리기 어렵기 때문"이라고 분석했다. 그렇지 않아도 쌌던 일본의 아이폰 가격은 엔화 약세로 더 저렴해졌다. 정확히는 다른 나라의 아이폰 가격이 상대적으로 더 비싸졌다.

2021년 9월 발매 당시 환율로는 홍콩의 아이폰13 가격(9만 6,692엔)이 일본보다 쌌다. 하지만 엔화 가치가 20% 가까이 떨어지면서 홍콩의 가격이 일본을 앞질렀다. 달러가 엔화당 110엔이었던 2022년 초 아이폰13을 9만 8,800엔에 팔면 애플의 미국 본사는 898달러의 매출을 올릴 수 있었다. 환율이 135엔인 지금은 대당 매출이 735달러로 163달러나 줄었다.

아니나 다를까 애플은 2020년 11월 출시한 맥북에어의 가격을 11만 5,280엔에서 2022년 13만 4,800엔으로 2만 엔 올렸다. 2022년 7월 출시한 신제품은 기존 제품보다 가격을 5만 엔 올린 16만 4,800엔에 내놨다. 아이폰13 가격 또한 7월 1일부터 11만 7,800엔으로 19% 인상했다.

엔화 가치 급락은 일본의 중소기업과 서민들에게 큰 부담을 주고 있다. 생활고는 곧바로 정부를 향한 불만으로 이어진다. 6

월 20일 〈니혼게이자이신문〉의 전화 여론조사에서 기시다 후미오 총리 내각의 지지율은 60%로 2022년 5월(66%)보다 6%포인트 하락했다.

06

무섭게 추락하는
일본증시의 위상

1989년 12월 말 일본증시의 대표 지수인 닛케이225지수는 사상 최고치인 3만 8,915를 기록했다. 뉴욕증시가 22.6% 폭락한 '블랙먼데이'가 일어난 때가 불과 두 달 전이었다. 당시 도쿄증시는 세계에서 가장 먼저 '블랙먼데이'를 극복했다는 자신감에 차 있었다. 세계 2위 경제대국 일본이 1위 미국을 추월하는 것도 불가능하지 않아 보였다.

1990년 도쿄증시의 시가총액은 2조 9,000억 달러로 전 세계 주식시장 시가총액의 31.2%를 차지했다. 3조 1,000억 달러(33.0%)의 미국과 거의 차이가 없었다. 하지만 1990년 거품경제가 붕괴하면서 일본은 '잃어버린 30년'의 장기침체에 접어든다. 4만 선을 뚫을 듯했던 닛케이225지수는 2009년 3월 10일 7,054.98까지 추락했다. 닛케이225지수가 1990년 8월 2일 무너진 3만 선을 회복한 건 30여 년 뒤인 2021년 2월 15일이었다. 그 사이 도쿄증시의 시가총액은 7조 4,000억 달러로 늘었지만, 세계시장에서 차지하는 비중은 6.8%로 줄어들었다.

미국증시의 시총은 45조 5,000억 달러로 불어났고, 세계시장에서 차지하는 비중은 42.0%로 늘었다. 구글·아마존·페이스북·애플(GAFA)로 대표되는 미국 IT 5대 기업의 시총이 도쿄증시 전체를 넘어섰다. 1990년 세계 시가총액 1,000대 기업 가운데 일본기업은 341곳으로 미국(274곳)보다 많았다. 2022년 77개사와 417개사로 처지가 완전히 바뀌었다.

늙고 쪼그라든 일본증시

1990년 미국과 일본의 GDP는 각각 6조 달러와 3조 1,000억 달러였다. 오늘날 양국의 경제 규모는 22조 달러와 5조 달러로 더는 경쟁상대로 보기 어려워졌다. 주식시장의 질적인 면에서도 격차가 더 벌어졌다. 1996년 8,000개를 넘었던 미국증시의 상장사 수는 약 4,000곳으로 줄었다. 미국기업들이 기업 M&A 등을 통해 사업 재편을 활발하게 진행한 결과다. 상장사 한 곳당 평균 시가총액은 7억 9,000만 달러에서 48억 2,000만 달러로 6배 커졌다.

반면 도쿄증시의 최상위 시장인 프라임 시장 상장사 숫자는 2,000여 개로 80% 늘었다. 같은 기간 상장사 한 곳당 평균 시가총액은 18억 6,000만 달러로 16% 증가하는 데 그쳤다. 1992년부터 30년간 미국 상장사의 평균 연령(창업부터 2022년까지의 영업년수)은 66세에서 44세로 젊어졌다. GAFA와 같은 신흥 IT대기업이 끊임없이 등장하면서 기업의 신진대사가 활발하게 이뤄졌기 때문이다. 반면 일본 상장사의 평균 연령은 56세에서 88세로 초고령 증시가 됐다. 주요국 가운데 가장 늙었다.

7,055까지 떨어졌던 닛케이225지수가 4배가량 올랐지만, 일본기업이나 일본의 개인투자가들에게 돌아가는 과실은 크지 않다. 거품경제 붕괴 이후 일본기업과 금융회사, 개인들은 주식을 내다 팔았고, 그 주식을 외국인 투자가들이 사 모은 탓이다.

일본 개인투자가들은 1992년부터 30년간 일본주식을 68조 엔어치 순매도했다. 그 결과 일본증시에서 개인투자가들의 비중이 20.4%에서 16.5%로 떨어졌다. 40%에 달했던 일본 금융회사들의 보유 비중은 20%로 반토막 났다. 반면 외국인의 보유 비중은 4.7%에서 30.3%로 7배 가까이 상승했다. 주식시장은 그 나라의 경제 상황을 반영하는 거울이다. 일본증시의 추락은 '흔들리는 일본'을 가장 확실하게 입증하는 증거라고 할 수 있다.

세계증시에서 밀려난 일본증시

도쿄증시가 4월 4일부터 도쿄증시 1부, 2부, 자스닥, 마더스 4

개 시장에서 프라임 스탠더드 그로스의 3개 시장으로 재편됐다. 2013년 도쿄증권거래소와 오사카증권거래소가 합병해 일본거래소그룹이 탄생한 지 9년 만의 대규모 시장 재편이다. 세계 1위였던 시장 규모가 글로벌 투자 자금의 외면 속에 30여 년 만에 5위까지 떨어지자 일본거래소가 9년 만에 내놓은 승부수다.

대기업과 중소기업, 신흥기업이 뒤섞인 시장을 대기업 중심의 프라임 시장, 중견기업들로 구성된 스탠더드 시장, 신흥기업이 성장자금을 조달하는 그로스 시장으로 명확히 구분한 게 특징이다. '명문 기업'의 상징으로 통하던 도쿄증시 1부시장은 1961년 탄생한 지 61년 만에 사라진다.

상하이·유럽에도 밀린 시가총액

일본거래소가 도쿄증시를 대대적으로 손보는 것은 추락하는 글로벌 경쟁력을 회복하기 위해서다. 거품경제가 최고조에 달했던 1989년 도쿄증권거래소 상장사들의 시가총액 합계는 590조 엔으로 뉴욕증권거래소를 누르고 세계 1위였다.

거품경제 붕괴 이후 2011년 도쿄증권거래소의 시가총액 합계는 251조 엔으로 반토막 났다. 2020년까지는 뉴욕증권거래소와 나스닥시장에 이어 세계 3위를 유지했지만 코로나19 이후 일본 증시가 부진을 거듭하면서 순위가 크게 밀렸다.

2021년 11월 기준 도쿄증권거래소 상장사의 시총 합계는 715조 엔으로 상하이증권거래소(901조 엔)와 유럽의 유로넥스트(875조 달러)에 밀려 세계 순위가 5위로 떨어졌다. 뉴욕증권거래소는 3,220조 엔, 나스닥시장은 2,753조 엔으로 도쿄와 격차가 4~5배로 벌어졌다. 미국 애플 한 곳의 시가총액(약 3조 달러)이 도쿄증시 전체의 절반에 달한다.

글로벌 투자 자금의 외면이 도쿄증시의 추락을 가속했다고 한다. 최상위 시장인 도쿄증시 1부시장은 시가총액 40억 엔짜리 중소기업과 40조 엔의 도요타자동차가 섞여 있는데, 이렇게 애매한 시장 구분이 원인으로 지적된다.

2002년 1부시장 승격 기준을 시가총액 500억 엔에서 40억 엔으로 완화한 이후 20년 새 1부 상장사가 700곳 급증한 탓이다. 일본기업들 사이에서 1부시장 상장사 지위는 우량기업의 보증 수표로 통한다. 인재 채용과 거래처 확대에도 유리하다고 인식한다.

그 결과 도쿄증시는 3,769개 상장사 가운데 58%인 2,176곳이 1부, 시장 소속인 '가분수 시장'이 됐다. 2013년 합병 당시 도쿄증시의 마더스시장과 오사카증시의 자스닥시장을 그대로 남긴 탓에 신흥기업의 상장(IPO) 무대도 2개로 나뉘어 있다.

도쿄 1부 84%가 프라임 잔류 시장

프라임 시장은 글로벌 투자가들이 즐겨 찾고, 스탠더드와 그로스 시장은 일본 투자가들의 투자시장으로 차별화한다는 게 일본거래소의 구상이다. 프라임 시장 상장사들에 사외이사 비중을 30% 이상으로 늘리고, 사업보고서를 영어로도 공시하는 등 글로벌 기준을 요구하는 이유다.

유통주식 시가총액 100억 엔 이상, 유통주식 비율 35% 이상 등 글로벌 자금을 유치할 수 있는 규모의 상장사만 프라임 시장에 들어갈 수 있는 기준도 포함됐다.

일본 주식시장의 얼개를 대대적으로 바꾸는 재편에 대한 시장의 평가는 긍정적이지 않다. 차별화를 내세웠음에도 불구하고 1부시장 상장사 2,176곳 가운데 84%인 1,838곳이 프라임 시장으로 편입됐기 때문이다. 스탠더드 시장과 그로스 시장 상장사는 1,466곳과 466곳으로 가분수 구조에 별다른 변화가 없다.

프라임 시장 상장사의 16%인 295개사는 기준에 미달하고도 최상위 시장에 남았다. 일본거래소가 향후 계획서를 제출하면 프라임 시장에 편입될 수 있도록 경과조치를 마련한 덕분이다. 프라임 시장에 잔류한 295곳 가운데는 기준 충족 시점을 '향후 10년'으로 제시한 곳도 있다.

07

'일본주식 사라'고 해도 투자가들은 왜 안 믿을까

골드만삭스와 모건스탠리 등 글로벌 투자은행들은 2022년 유망 투자처로 일본증시를 추천했다. 글로벌 상승장에서 소외되다 보니 밸류에이션(가치)이 낮고, 코로나19 백신 접종률이 높아 경기 재개 효과가 클 것이라는 이유에서다.

일본 현지 분위기는 전혀 다르다. 2021년 일본증시가 지지부진한 것은 아베노믹스라는 '모르핀'의 약발이 떨어졌기 때문이라는 것이다. 2021년 12월 27일 종가 기준 닛케이225지수는 2만 8,676으로 연초가 2만 8,139와 큰 차이가 없었다. 11월 29일에는 2만 8,029로 그해 시초가를 밑돌기도 했다.

'어차피 안돼 병' 걸린 일본증시

우량주(도쿄증시 프라임 시장 상장사)들로 구성된 토픽스지수의 주가수익비율(PER)은 지난 5~6년간 S&P500지수의 80% 수준을 유지했다. 하지만 2022년 4월 이후 미국, 유럽과 격차가 크게 벌어지고 있다. 글로벌 투자은행들이 일본증시가 저평가됐다고 보는 이유다.

일본기업의 실적이 나쁜 것은 아니다. 토픽스 종목의 1주당 이익(EPS)은 138엔으로 사상 최고치를 기록했다. 2019년 말 실적을 100으로 했을 때 일본기업의 2022년 실적은 115다. 124인 미국에는 못 미치지만 110인 유럽보다는 앞선다.

일본 전문가들은 일본증시가 저평가돼 있다기보다 '밸류 트랩(가치 함정)'에 빠졌다고 분석한다. 밸류 트랩은 낮은 PER과 주가순자산비율(PBR)을 저평가의 근거로 보고 주식을 샀더니 주가가 줄곧 지지부진한 상황을 말한다.

일본 상장사들의 낮은 PER은 저평가된 게 아니라 일본 산업의 구조적인 약점이 노출되고 성장 기대가 낮아진 결과로 봐야 한다. '아베노믹스'라는 모르핀을 장기 투여하는 사이 시장이 정책 의존 체질로 변하면서 투자자의 외면을 받게 됐다는 것이다.

이 때문에 최근 일본증시의 유행어는 '오와콘'이다. 오와콘은 '끝났다'라는 뜻의 '오왔다'와 '콘텐츠'의 앞글자를 딴 일본식 조

어다. 한마디로 일본증시는 '한물갔다'라는 의미다. 일본증시가 '어차피 안돼 병'에 걸렸다고도 한다.

2022년 일본증시 전망도 밝지 않았다. 일본주식 전문가들은 2023년 시장에 대해 '삼존불이 쓰러지면 일본증시의 10년 장기 랠리가 공식적으로 막을 내릴 것'이라고 진단했다. 삼존불 장세는 2021년 2월과 9월, 11월에 지수가 급등한 모양새가 절의 삼존불을 닮았다고 해서 붙은 이름이다. 1년 내내 주가가 급등락을 반복했다는 의미다. 시장 참가자들이 일본시장을 떠나면서 투기 세력이 주식을 조금만 사고팔아도 지수가 롤러코스터를 탔다.

국내 기관투자가들은 '어차피 안돼 병'에 걸려 일본주식을 사지도 팔지도 않는다. 일본의 개인투자가들도 한국의 서학개미들처럼 해외 증시로 떠나고 있다. 코로나19 충격에서 일본증시를 떠받친 주체는 일본은행과 일본 공적연금(GPIF)의 양대 큰손이었다. 하지만 일본증시 시가총액의 13%가량을 보유한 양대 큰손의 매수세도 멈춰 섰다. GPIF는 2014년부터 일본주식 운용자산 비중을 12%에서 25%로 대폭 늘렸다. 아베노믹스 동안 일본증시가 크게 오른 것은 GPIF의 매수세 덕분이라는 분석이다. 2022년 중반 GPIF의 25% 한도는 다 찼다. 일본주식을 더 늘리기 어렵게 됐다는 뜻이다.

일본은행은 주요국 중앙은행 가운데 유일하게 상장지수펀드(ETF) 매입 방식으로 주식시장에 개입한다. 연간 6조 엔, 최대 12

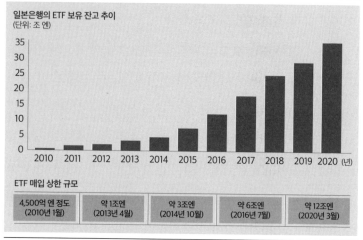

[그림 1-7] 일본은행의 ETF 보유 잔고 추이와 ETF 매입 상한 규모

일본은행의 ETF 보유 잔고 추이
(단위: 조 엔)

ETF 매입 상한 규모

4,500억 엔 정도 (2010년 1월)	약 1조엔 (2013년 4월)	약 3조엔 (2014년 10월)	약 6조엔 (2016년 7월)	약 12조엔 (2020년 3월)

출처: 일본은행

조 엔까지 ETF를 매입한다는 목표를 세워두고 있다([그림 1-7]).
2022년 일본은행의 ETF 보유금액은 55조 엔으로 일본증시 전체
시가총액의 8% 정도로 추산된다. 일본은행이 간접적으로 최대주
주인 상장사가 20%에 달한다.

기시다 쇼크에 흔들리는 도쿄증시

일본은행이 얼마나 ETF를 대규모로 매수했는지 보여주는 예가
'2% 룰'이다. 닛케이225지수가 오전장에서 2% 이상 하락하면 일
본은행이 ETF 매집하기 시작한다는 불문율이다. 이론상 오전장
이 2% 이상 빠질 때 단타 매매를 하면 무조건 수익을 낼 수 있는

구조다.

시장을 왜곡시킨다는 비판이 거세지자 일본은행은 2021년 3월 연간 6조 엔의 ETF를 매입한다는 목표를 철회했다. 실제 2021년 4월 이후 연말까지 ETF를 2,800억 엔밖에 사지 않았다. 결론적으로 일본주식을 사줄 세력이 사라진 것이다.

'삼존불 이론'에 따르면 2021년 닛케이225지수가 아무리 급락 하더라도 2만 7,000선의 지지선은 굳건히 지켜졌다. 2022년 '삼존불 지지선' 2만 7,000선이 무너지면 지난 10여 년 동안의 오름세가 끝나고 장기 하락장세가 시작될 것이라는 게 일본증시 전문가들의 우려다.

닛케이지수 사상 최고치는 거품경제 막바지인 1989년 12월 말 기록한 3만 8,915다. 가뜩이나 일본증시의 펀더멘털이 약해진 상황에서 일본 정부의 규제도 시장을 휘청거리게 하고 있다. 2021년 12월 14일 기시다 후미오 일본 총리는 국회에서 "지속 가능한 새로운 자본주의 실현을 위해 상장사의 자사주 매입을 규제하는 가이드라인을 마련할 수 있다"라고 밝혔다.

배당과 함께 상장사들의 주요한 주주환원 수단인 자사주 매입을 규제할 수 있다는 총리의 발언에 닛케이225지수는 이틀 동안 1,000포인트 폭락했다. 일본 언론들은 이를 '기시다 쇼크 시즌2'로 묘사했다. 총리에 취임한 2021년 10월 금융소득세를 강화하겠다는 방침을 밝히면서 주가에 충격을 준 게 '기시다 쇼크 시즌

1'이었다.

총리의 인식과 달리 일본 상장사는 미국과 유럽보다 소극적인 주주환원 때문에 오랫동안 글로벌 투자가들의 비난을 받아왔다. 글로벌 자금의 외면이 심각해지자 일본 상장사들은 최근 들어서야 주주환원을 중요하게 생각하기 시작했다.

골드만삭스에 따르면 2022년 도쿄증시 1부시장 상장사의 총 환원액은 25조 3,000억 엔으로 사상 최대치를 기록했다. 2022년부터는 연 10%대의 증가율을 보일 것으로 예상했다. 골드만삭스는 "일본 상장사의 절반이 무차입 경영을 하는 데다 미국과 유럽에 비해 여전히 총 환원성향이 낮기 때문에 좀 더 적극적으로 주주환원에 나설 여지가 크다"라고 설명했다.

이런 상황에서 총리가 '자사주 매입을 규제하겠다'라며 찬물을 끼얹은 것이다. 기시다 총리가 민간 기업의 자사주 매입을 규제하려는 것은 임금인상을 독려하기 위해서다. 기업이 내부유보금을 자사주 매입에 쓰지 말고 임금인상에 투입하라는 것이다.

2021년 10월 4일 취임한 기시다 총리는 '성장과 분배가 선순환하는 새로운 자본주의'를 간판정책으로 내걸고 있다. 이를 위해 근로자 임금을 올려 분배를 강화하는 정책을 밀어붙이고 있다. 중산층과 저소득층의 소득을 올려야 소비가 늘고 기업의 실적이 개선돼 다시 소득이 증가하는 선순환 구조를 만들 수 있다는 논리다.

기시다 쇼크 시즌2가 주식시장에 미치는 충격은 시즌1 이상일 것이라고 일본증시 전문가들은 우려하고 있다. 일본은행, GPIF, 해외 투자가, 일본 금융사, 개인투자가들의 외면을 받는 일본시장에서 마지막 남은 큰손이 자사주 매입에 나서는 일본기업이기 때문이다. 전문가들은 "총리가 자본시장을 적으로 돌릴 셈인가", "정부가 실제로 자사주 매입을 제한하면 일본 주식시장에 치명상을 입힐 것"이라는 경고를 내놓고 있다. 기시다 내각도 주가 폭락 이후 자사주 매입을 언급하지 않고 있다. 하지만 취임 직후 치른 중의원 선거에서 압승하고 2022년 7월 참의원 선거에서도 대승을 거두면서 기시다 총리가 자기 색깔을 드러낼 것이라며 시장은 긴장했다.

08

일본 자금이
일본을 외면한다

"기존에 없던 룰을 만들어서라도 새로운 시장을 창출할 의향이
있는가."

일본경제산업성이 2021년 말 일본기업 1만 곳을 대상으로 벌
인 조사에서 '시장을 만들어내겠다'라는 응답은 30%에 못 미쳤
다. '경영 계획에 시장 창출의 내용이 담겨 있다'라는 소극적인 사
례까지 모두 포함한 수치다. G7 최저 수준으로 평가된다.

시대에 뒤처진 규제를 사장하도록 정부를 압박해서라도 시장을
적극적으로 개척하겠다는 기업은 37곳에 불과했다. 일본 최대 공
조 회사인 다이킨공업과 산업용 스위치 제조사 IDEC 등이었다.

시장을 적극적으로 창출하는 기업 37곳의 매출은 10년간 연평
균 4% 증가했다. 일본기업 평균(1%)의 4배에 달한다. 2008년 말
부터 2022년 6월 3일까지 37개 기업의 주가 상승률은 280%로

시장 평균(220%)을 웃돌았다. 문제는 '37'이라는 숫자에서 보듯 적극적인 시장 창출형 기업이 극소수라는 점이다.

일본기업의 진취성이 떨어지면서 일본의 투자자금도 일본기업을 '패싱'하고 미국기업을 향하고 있다. 금융 정보회사 레피니티브에 따르면 2021년 미국주식에 투자하는 일본 투자신탁에는 3조 2,000억 엔의 자금이 유입됐다. 비교가 가능한 1998년 이후 최대 규모다.

반면 일본주식에 투자하는 투자신탁에 유입된 자금은 2조 엔 남짓으로 1년 새 39% 줄었다. 2021년 일본 가계가 보유한 금융자산은 처음으로 2,000조 엔을 넘었다. 1,000조 엔에 달하는 일본 국가부채의 2배에 달한다. 문제는 가계 금융자산의 절반 이상이 현금과 예금 형태로 잠자고 있다는 점이었다.

정부만 홀로 '저축에서 투자로!'

일본 정부가 2003년부터 20년째 '저축에서 투자로'를 부르짖고 있지만 일본인들의 현금 사랑은 요지부동이다. 예금통장과 장롱 속에서 잠자고 있는 가계 금융자산이 일부만 투자로 이동해도 일본을 잃어버린 30년 장기침체에서 탈출시킬 수 있다는 분석도 있다. 소득과 소비를 늘려 장기침체의 근본 원인인 디플레이션에서 벗어날 수 있다는 것이다.

가이즈 마사노부 노무라증권 선임 리서치 펠로는 "가계 금융자산의 10%인 200조 엔만 저축에서 투자로 옮겨도 가계자산이 10조 엔 불어날 것"이라고 추산했다.

자국 투자자금의 외면을 받는 일본기업을 향한 글로벌 자금의 시선이 따스할 리 없다. 도쿄증시 매매의 절반 이상을 차지하는 외국인 투자가들은 '아베노믹스 장세(2013년 아베 신조 전 총리 내각의 대규모 경기 부양책으로 주식시장이 활황세를 나타낸 시기)'가 진정된 2015년 이후 매년 일본주식을 14조 엔가량 순매도했다. 외국인 투자가들은 도쿄증시 매매의 절반 이상을 차지하는 큰손이다.

기업 M&A 시장의 움직임을 보더라도 일본기업을 외면하는 글로벌 투자자금의 동향이 드러난다. 2019년 이후 일본기업을 사들이는 해외자금의 주체는 전략적 투자자(SI)에서 사모펀드(PEF) 운용사 같은 재무적 투자자(FI)로 바뀌었다. 기업과 같은 SI는 자사 전략이 필수적인 사업을 사서 장기적으로 운영한다. 반면 FI는 저평가된 기업을 사서 가치를 높인 후 되판다.

M&A하는 주체가 기업에서 사모펀드로 바뀌고 있다는 것은 글로벌 기업이 글로벌 전략을 펼치는 데 필요한 사업을 보유한 일본기업이 그만큼 줄었다는 의미다. 한 미국계 투자은행(IB) 관계자는 "일본기업만 가진 기술과 제품이 줄고 있어서 글로벌 기업의 관심이 낮아진 것"이라고 말했다.

09

일본의 개인투자 비율이
반토막 난 이유

한국인 4명 가운데 한 명이 주식에 투자한다. 한국의 개인주주는 1,374만 명으로 3년 사이 2.5배 늘었다. 미국은 시가총액의 40%를 개인투자가들이 보유하고 있다. 반면 일본인 개인주주는 일본인 9명 가운데 한 명에 불과하다. 도쿄증권거래소가 발표하는 개인주주 수는 6,460만 명으로 8년 연속 늘었다. 하지만 이는 상장기업들이 공시하는 개인주주의 숫자를 단순 합산한 숫자다. 중복 계산된 숫자를 제외한 실제 개인주주의 숫자는 1,400만 명에 그친다. 인구는 한국의 2.5배지만 개인투자가의 숫자는 비슷하다.

개미 투자자가 급감한 나라

일본은 개미 투자가가 기록적으로 급감한 세계적으로 드문 나라다. 도쿄증권거래소가 7월 7일 발표한 2021년도 주주분포 조사에 따르면 개인의 주식보유 비율(금액 기준)은 16.6%로 50년 전에 비해 반토막 났다. 1970년 일본 개인투자가의 주식보유 비율은 40%에 달했다. 제2차 세계대전 이후 해체된 재벌과 일본 정부가 보유한 주식을 개인에게 양도하는 '증권 민주화 운동'의 영향이었다. 이후 외국계 자금으로부터 경영권을 지킨다는 명목으로 기업과 주거래 은행들이 주식을 상호보유하는 추세가 늘어나면서 개인투자가들의 존재감은 점점 희미해졌다.

1990년대 거품경제 붕괴와 주가 폭락은 개인투자가들이 주식시장을 등지는 결정적인 계기가 됐다. 자국 개인투자가들의 외면은 한때 미국을 넘어 세계 1위(상장사 시가총액 합계 기준)였던 일본증시가 중국과 유럽에도 밀려 5위권마저 위협받는 결과로 나타났다.

오늘날 일본증시가 안고 있는 문제는 개미 투자가의 외면뿐만이 아니다. '증시 고령화'가 일본증시의 경쟁력을 떨어뜨리는 원인이다. 개인투자가들이 보유한 주식의 67%를 60대 이상 고령자가 갖고 있다. 높은 고령자 비율은 일본기업의 주가를 떨어뜨리는 잠재적인 요인이다. 상속을 준비하는 고령자는 보유 주식을 팔아 부동산을 매입하는 사례가 많기 때문이다.

상속제 평가제도가 고령자의 주식시장 이탈, 부동산시장 진입을 부추기는 것으로 보인다. 상장주식은 시가를 기준으로 상속세를 내지만 부동산은 시가의 80% 수준인 노선가격을 기준으로 상속세가 결정되기 때문이다. 일본 증권업계 관계자는 "부유층의 최대 관심사가 절세이다 보니 주식을 파는 증권사가 고령자 고객에게 부동산 전환을 권하는 웃지 못할 일도 벌어진다"라고 말했다.

'리스크 테이킹' 할 돈이 없다

일본도 한국과 마찬가지로 주식시장에 대한 젊은층의 관심이 높다. 한국은 부동산 가격 급등으로 집을 살 수 없게 된 젊은 세대가 소액으로 투자할 수 있는 주식에 몰리는 것이라는 분석이 있다. 반면 일본의 20~30대들은 30년째 오르지 않는 임금 불안 때문에 주식에 투자한다. 일본 최대 인터넷 증권사인 라쿠텐증권의 신규 계좌 개설자의 70%가 20~30대였다.

노무라종합연구소(NRI)의 '생활인 1만 명 설문조사'에 따르면 25~29세 가운데 주식투자를 하는 비율이 2018년 6.5%에서 2021년 17.9%로 급증했다. '투자하고 있지 않지만 흥미가 있다'라는 응답자를 포함하면 49.4%에 달했다. 20대의 절반은 이미 개인 투자가이거나 투자 예비군이란 의미다. 주식투자를 하고 있거나 흥미가 있다는 30대도 54.9%로 3년 전의 42.2%보다 크게 늘었다.

문제는 일본의 젊은 세대가 투자에 관심이 있어도 투자할 돈이 없다는 것이다. 2,000조 엔이 넘는 개인 금융자산의 60%를 60세 이상이 틀어쥐고 있지만 30대 미만 개인투자가들이 보유한 일본

주식은 1% 남짓으로 추산된다. 종잣돈은 빠듯한데 100주 이상을 사도록 한 일본증시 특유의 최소 매입 기준은 젊은 세대의 투자 진입을 더욱 힘들게 한다. 1주엔 6만 8,000엔인 패스트리테일링(유니클로 운영사)에 투자하려면 최소 680만 엔이 필요하다. 분산투자는 자금력이 빵빵한 부유층 투자가의 전유물. 투자금이 넉넉지 않은 젊은 투자가들은 원하지 않아도 '몰빵 투자'를 할 수밖에 없는 구조다. 1주 단위로 주식을 살 수 있는 미국은 애플 1주를 140달러면 살 수 있다.

도요타자동차는 2021년 9월 말, 1주를 5주로 나누는 주식 분할을 했다. 최소 매입 금액이 20만 엔으로 줄어들자 개인주주의 숫자가 2022년 3월 말 74만 5,000명으로 1년 만에 70% 늘었다. 개인 투자가들의 자금 끌어들이기는 기업 하기 나름임을 보여주는 사례다. 더는 투자 리스크를 떠안을 필요가 없는 고령자들은 투자금이 남아돌고, 기꺼이 리스크를 떠안으려는 젊은 세대는 투자할 돈이 없는 괴리 현상이 일어나고 있다. 일본증시의 미래를 어둡게 하는 암초로 지적된다.

〈니혼게이자이신문〉의 스타 칼럼니스트 가지와라 마코토가 이 괴리를 해소하기 위해 "조부모가 가진 일본주식을 손주에게 비과세로 양도할 수 있게 허용하자"라고 주장하는 이유다.

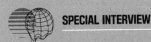

일본의 '잃어버린 30년'

"일본이 1992년부터 30년간 배운 것은 재정확장과 통화완화 정책을 통해 아무리 돈을 풀어도 성장에 대한 기대 없이는 물가가 영원히 오르지 않고, 정부만 비대해진다는 사실이다."

시라카와 히로미치 크레디트스위스재팬 수석 이코노미스트는 2021년 12월 21일 〈한국경제신문〉과 인터뷰에서 한국이 일본의 잃어버린 30년을 뒤따르지 않으려면 재정지출을 늘려 비대해진 정부를 막으라고 조언했다. 그는 1983년부터 16년간 일본은행 이코노미스트로 일했고, 20년 넘게 크레디트스위스 등 글로벌 금융회사의 수석 이코노미스트로 일본경제를 분석해왔다. 2015년에는 일본 GDP 증가율과 물가상승률을 가장 정확하게 예측하는 이코노미스트에 선정됐다. 한국을 직접 언급하는 것을 조심스러워 했지만, 일본의 경제상황과 정부 정책에 대한 거침없는 비판은 한국의 상황에도 그대로 적용할 수 있는 부분이 많다.

◐ **한국경제의 현 상황이 30년 전 일본이 장기 디플레이션에 빠질 때와 비슷하다고들 한다. 일본의 전철을 밟지 않기 위한 조언을 한국에 건네자면.**

정부 관계자와 경제학자들의 의견이 분분하지만, 온갖 재정 정책과 통화 정책을 써서 아무리 돈을 뿌려도 물가에는 별 영향이 없었다는 것이 공통적인 결론이다. 일본은 재정확장 정책으로 막대한 자금을 뿌려도 봤고, 대규모 금융완화 정책으로 중앙은행이 대규모 국채를 매입하는 등 통화량도 무제한으로 늘려봤다. 하지만 물가는 오르지 않았다.

◑ **무제한으로 돈을 풀었는데 왜 물가가 오르지 않았나?**

왜냐하면 기업과 국민은 앞으로 경제가 성장한다고 기대를 해야 돈을 쓰기 때문이다. 그래야 물가가 오르고, 투자가 늘어나 다시 소득도 늘어난다. 성장의 기대를 국민에게 심어주지 않는 한 아무리 돈을 써도 물가는 영원히 오르지 않는다는 것을 일본은 1992년부터 30년간 배워왔다.

◑ **그렇다면 일본 정부는 어떤 정책을 취해야 하나?**

지금은 국민이 꿈꾸는 미래의 기대를 어떻게 개선할지 논의할 때다. 저출산·고령화가 진전되는 일본은 한국을 포함한 다수의 경쟁 상대국에 역전당하고 있다. 일본 국민은 '일본은 이미 넘버 원이 아니고 신흥국에 따라잡히고 있다'라고 인식한다. 거리 사람들을 잡고 물어보면 '일본은 이제 틀렸다고 봅니다'라는 사람이 압도적일 것이다. 이런 상황에서 선순환은 일어나지 않는다. 지금 논의하지 않으면 안 되는 것은 국민이 인식하는 '부(마이너스)의 악순환'을 끊는 것이다. 경제 성장의 기대가 없으니 돈을 쓰지 않고, 돈을 쓰지 않으니 기대감도 생기지 않는 악순환을 끊는 것이다. 이 상황에서 정부가 아무리 '현금을 드립니다'라고 해도 그 현금으로 미래가 바뀔 것으로 기대하는 사람은 없다. 전혀 다른 접근이 필요하다.

○ 구체적으로 어떤 접근이 필요한가?

미래의 국가 기반이 될 산업이 무엇인지 선정하고, 이를 위해 인재를 어떻게 교육할 것인지 등 성장전략을 구상해야 한다. 성장을 방해하는 불필요한 규제를 철폐해야 한다. 엄격한 고용 규제를 바꿔야 한다. 밝은 미래를 보여주지 않는 한 재정확장, 금융완화로 디플레 문제는 결코 해결되지 않는다. 노령화와 인구감소를 상쇄할 수 있을 정도로 생산성을 높이는 아이디어를 생각하지 않으면 안 된다.

○ 노령화와 인구감소를 상쇄할 정도로 생산성을 높이는 아이디어가 있나?

미국처럼 이민을 받는 것도 방법이다. 일본은 도쿄올림픽을 앞두고 일종의 정책 실험을 했다. 외국인 관광객을 연간 3,000만 명으로 늘린 후 일본인은 어떻게 반응할까, 일본사회가 견딜 수 있을까를 지켜보고 이민을 받아들일지 검토하려 했다. 하지만 코로나19 확산으로 결론이 나오기도 전에 흐지부지됐다. 인구가 줄어드는 상황에서 가장 좋은 해결책은 극적으로 산업구조를 바꾸는 것이지만 구조 전환은 사회적인 압력과 마찰을 동반하므로 어려운 문제다. 이런 점에서도 일본이 디플레에서 완전히 탈출하기는 어렵다.

○ 결국 정치와 지도자의 중요성이 커지는 것 같다.

다양한 경제 분석을 통해 도달한 결론은 재정·통화정책을 강화할수록 결국 정부가 비대해진다는 것이다. 정부가 커지면 규제가 늘어나기 때문에 좋은 일이 아니다. 정부의 역할은 국가 방위 등으로 최소화하는 것이 좋다. 대신 교육 개혁 등을 통해 민간의 활력을 불러일으켜야 한다.

○ 한국경제에 대한 견해는 어떤가?

확실히 한국은 일본과 닮은 점이 있다. 시차가 있지만, 한국도 인구 고령화로 인한 재정상의 문제 등이 일어나고 있다. 일본을 반면교사로 삼는다면 한국은 정부의 재정지출을 지나치게 늘려서는 안 된다. 그러면 나중에는 손을 쓸 수 없게 된다. 민간의 활력을 어떻게 불러일으키느냐에 주력해야 한다.

◑ 기시다 후미오 일본 총리가 내세우는 '성장과 분배가 선순환하는 새로운 자본주의'를 어떻게 평가하나?

정부 주도로 재정을 투입해서 성장전략을 펼치는 것은 그다지 효과가 없다고 본다. 기업이 미래에 투자하고 개인은 성장의 과실을 누릴 수 있도록 민간 부문을 활성화해야 한다. 정부는 민간이 힘을 발휘하도록 완화 등을 포함해서 사회적 펀더멘털을 강화하는 데 주력해야 한다.

◑ 기시다 내각은 2021년 11월 26일 사상 최대 규모인 55조 7,000억 엔 규모의 '코로나19 경제 대책'을 발표했다. 막대한 현금 지원 정책에 비해 성장전략의 범위와 양은 부족하다는 지적이 많은데.

정부가 민간에 돈을 뿌리기만 한다고 성장하는 게 아니다. 이번 경제 대책은 중소기업과 외식업 종사자들에게 현금을 지급하는 정책의 비중이 높다. 성장전략이라기보다 경제 안정화 정책이다. 성장을 위해서는 단순히 돈을 지급할게 아니라 디지털 개혁과 신재생 에너지 투자 등 민간 부문의 투자 촉진을 위한 감세 정책 등이 필요하다.

◑ 일본은 G7 중 생산성이 가장 낮은 나라다. 기시다 정부는 일본의 생산성을 높이는 전략으로 임금인상을 선택했는데.

임금을 올리면 생산성도 올라간다는 건데 그런 논리는 없다. 생산성을 올려서 경제가 성장하면 임금도 따라 오르는 것이다. 일본의 가장 큰 문제는 고용시장이다. 직업 안정성이 지나치게 강해 과잉고용 상태가 됐다. 근로자가 100명인 회사의 경우 80명만으로도 충분하다. 해외 투자가들의 조언대로 고용시장의 유동성을 높여 20명을 줄이면 생산성은 20% 올라가고, 근로자 1인당 급여도 오를 것이다.

◑ 남은 20%는 어떡하나?

남은 20%는 산업구조를 바꾸고 직업 훈련 기회를 제공해 의료나 IT 등 성장 업종, 사람이 부족한 업종으로 인력을 전환해야 한다. 인력 과잉 업종에서 인력 부족 업종으로 인력이 전환되면 인력 과잉 업종은 임금과 생산성이 올라간다. 인력 부족 업종은 일손이 모자라 성장이 멈추는 일을 피할 수 있다. 이를 위해 일본이 가장 먼저 해야 할 일은 고용 규제 완화인데 현재 정책은 반대로 가고 있다.

◑ 2021년 일본의 GDP 대비 국가부채는 260%를 넘을 전망이다. 이렇게 부채 비율이 높은데 일본이 망하지 않는 이유는 무엇인가?

일본은 정부가 빚을 내 민간에 현금을 지급하면 민간은 지급 받은 돈을 쓰지 않고 쌓아두는 상황이 계속된다. 일본 국민과 기업이 저축하는 이유는 미래를 우려하기 때문이다. 2020년에도 전 국민에게 1인당 10만 엔씩을 지급했지만 3만 엔만 쓰고 7만 엔은 저축했다. 소비한 3만 엔도 국내 기업으로 흘러 들어가니 희한하게도 일본은 정부의 부채만큼 민간의 저축이 늘고 있다. 저축이 많으니 재정 파탄은 일어나지 않는다. 시장이 일본의 재정 문제를 심각하게 보지 않고, 금리도 쉽게 오르지 않는 이유다.

◑ 일본이 기축통화 보유국이라는 점도 막대한 국가부채를 견디는 이유인가?

엔화의 발행량이 많고, 엔화를 일정 수준 확보해두려는 유럽 및 아시아 중앙은행이 있기 때문이다. 하지만 일본에 정말 위기가 찾아와서 엔화에 대한 신뢰가 무너지면 엔화가치가 하락하고 주변에도 영향을 미칠 것이다. 일본에 대한 평가가 달라져 일본 투자를 중단하는 해외 투자가가 나올 수 있다. 중장기적으로도 통화가치가 낮아진다는 것은 일본경제의 약함을 반영하는 것이다.

◑ 일본은 G7 가운데 국가부채비율이 압도적으로 높다 보니 연간 예산의 70%가 사회 보장 등 고정비로 나간다. 이러면 정부의 성장전략을 위한 예산이 부족해지지 않나?

그렇다. 재정의 경직화라고 표현한다. 일본의 인구 구조상 사회 보장 비용은 계속해서 늘어날 것이다. 정부가 현명하게 판단하여 필요한 곳에 예산을 투입할 여유가 줄어든다는 의미. 사회 보장 비용이 팽창하지 않도록 제도를 개선해야 성장을 위한 재원을 확보할 수 있는데 이런 논의는 중단돼 있다.

◑ 일본은행 출신으로서 현재 일본의 경제 상황을 고려한 일본은행의 역할을 어떻게 평가하나?

일본은행이 일본 정부의 정책을 지나칠 정도로 많이 지원했다. 정부의 국채 발행 부담을 줄이고자 국채를 매입했고, 주식(ETF)까지 사들였다. 일본은행은 디플레이션 탈출을 위해서라고 주장하지만, 효과는 거의 없었다. 정부의 비대화만 조장하고 정당화했다. 일본은행이 일본 국채를 지금처럼 대량으로 매입해주지 않았다면 금리가 오를 수 있었고, 금리가 올랐다면 일본 정부가 부채 부담을 의식해 좀 더 성실하게 국채 발행 규모를 재고했을 수 있다. 정부 정책에 절제(디서플린)가 없어지게 만든 것은 일본은행의 책임이다.

◑ 일본은행은 주요국 중앙은행으로서는 유일하게 ETF를 매입하는 형식으로 주식시장에 개입하고 있다. 효과가 있나?

시장의 활력을 잃게 해놓고 효과는 내지 못했다. 중앙은행이 시장에 개입하면 시장의 가격 기능을 느슨하게 만든다. 시장 기능이 약해지면 부작용이 발생한다. 주식시장 트레이더들은 일본은행 때문에 주가가 종종 이상한 움직임을 보인다고 지적한다. 주가가 내려갈 시점에도 일본은행 때문에 떨어지지 않는다는 것이다. 주가 하락은 시장의 기능에 따른 것이다. 떨어져야 할 때 떨어지지 않으면 반대로 오를 때 제대로 오르지 않는 부작용이 발생한다. 일본은행도 이

같은 문제를 인식하기 때문에 2021년 3월 이후에는 ETF 구매량을 줄이고 있다. ETF 매입으로 주가가 올랐느냐도 의문이다. 이미 30조 엔이 넘는 ETF를 매입했지만 주가 상승 효과는 거의 없다는 시각이 많다

◎ **최악인 한·일관계와 달리 한·일 경제협력은 깊어지고 있다는 평가를 받는다. 양국의 경제협력 강화가 한·일관계 개선에 역할을 할 것으로 보나?**

무역 등 경제 관계가 깊어질수록 국가 관계도 개선되는 면이 크고, 국가 관계가 정치·외교 면에서 개선되면 경제 관계도 더 깊어진다. 두 나라의 정치·외교 관계가 좋지 못하다는 것은 양국이 경제적인 측면에서 누릴 수 있는 혜택을 못 보고 있다는 의미다. (한·일관계 개선을 위해) 민간 경제가 할 수 있는 일이 있고, 못 하는 일도 있다. 지금은 톱다운 방식(하향식) 관계 개선이 필요한 시점이니 양국 정치 지도자가 상황을 바꿔나가길 기대한다.

PART 2

20세기에 머물러 있는 정부,
거꾸로 가는 정책

정부와 정책

01

아베노믹스로
가난해진 일본

일본 역대 최장수 총리인 아베 신조 전 총리가 2012년 12월 26일 취임했을 때 닛케이225지수는 1만 395였다. 2019년 9월 15일 퇴임일 지수는 2만 3,656이었다. 재임 기간 상승률은 230%로 역대 총리 가운데 3위다. 실업률은 4.3%에서 2.2%로 떨어졌다. 대규모 경기부양책인 '아베노믹스'가 20년 장기침체에 신음하던 일본경제에 활력을 불어넣었다는 평가를 받는 이유다.

아베노믹스는 대규모 금융완화와 적극적인 재정 정책, 과감한 성장전략 등 '3개의 화살'로 구성된다. 3개의 화살이 맞아 들어가 기업 실적이 개선되면 설비투자 증가와 임금인상으로 이어지고, 소득과 분배가 늘어 소비가 증가한다는 구상이었다.

실적 늘어도 설비투자·임금인상 외면

기업 실적을 늘리기 위한 대표적인 수단이 엔화 약세를 유도하는 것이었다. 취임 당시 달러당 85.35엔이었던 엔화값은 2015년 6월 125.21엔까지 떨어졌다. 2014년 34.62%였던 법인세율을 2018년 29.74%로 낮춰 기업의 부담도 덜어 줬다. 대신 두 차례 소비세를 올려 세수를 메웠다.

하지만 기업은 늘어난 순익을 설비투자나 임금인상에 쓰는 대신 유보금으로 돌렸다. 2012년 304조 엔이었던 기업 유보금은 2018년 463조 엔으로 1.5배 늘었다. 설비투자 증가율은 3%대로 2000년대의 4.2%를 줄곧 밑돌았다. 고용에도 소극적이었다. 인건비 부담을 낮추기 위해 비정규직 고용을 늘렸다. 그 결과 기대했던 임금인상, 소득과 소비의 증가는 일어나지 않았다. 2012년 말 -1.9%였던 실질임금 상승률은 2019년 말 -1.1%였다. 2012년에서 2019년까지 가계소득은 0.6%, 소비 지출은 0.3% 늘어나는 데 그쳤다([그림 2-1]).

기업의 수익에서 인건비가 차지하는 비중인 노동 분배율은 72%에서 66%로 떨어졌다. 8년간의 아베노믹스 동안 명목GDP는 492조 엔에서 505조 엔으로 제자리걸음 했다. 오구리 다카시 고마자와대학교 명예교수는 "아베 정권은 국민의 품에서 돈을 빼앗아 기업의 유보금을 쌓은 것"이라고 평가했다.

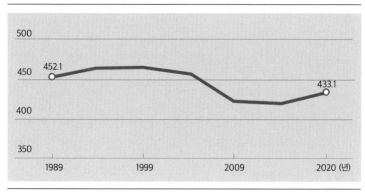

[그림 2-1] 30년째 제자리인 일본의 평균 연봉

(단위: 만 엔)

출처: 일본 후생노동성

아베 퇴임 3년째를 맞은 2022년 일본경제는 아베노믹스의 후유증에 시달리고 있다. 금융완화·재정확장 정책에 지나치게 의존한 나머지 규제개혁과 성장분야 투자에 소홀히 한 결과 경제의 펀더멘털이 약화됐다. 일본의 잠재성장률은 2005년 1% 선이 깨진 이후 20년 가까이 0%대에 머물러 있다.

나가하마 도시히로 다이이치생명경제연구소 수석 이코노미스트는 "생산성을 좌우하는 노동시장 개혁은 본질인 해고 규제에 손을 대지 않았다"라며 "기업들이 정직원 채용과 임금인상에 신중해졌다"라고 〈마이니치신문〉과 인터뷰에서 말했다.

30년간 패착과 실기 반복하는 일본 정부

일본은 흔들리고 있다. 이럴 때일수록 중심을 잡아주는 게 정부의 역할일 것이다. 아베 정부뿐 아니라 역대 일본 정부는 반복해서 구조개혁을 외면하고 땜질식 처방으로 일본경제의 약체화를 불러왔다. 국중호 요코하마시립대학교 교수는 일본의 '잃어버린 30년' 장기침체를 "정책 오류와 폐쇄성이 빚어낸 성장 상실의 30년"으로 정의했다.

그의 지적대로 경제 정책에 대한 일본 정부와 집권 여당 자민당의 패착과 실기는 30년째 반복됐다. 일본경제가 1956~1973년 연평균 9.1%의 고도성장을 이어가자 일본 정부는 1973년을 '복지 원년'으로 지정하고 대규모 사회보장제도를 신설했다. 하지만 1973년은 고도성장기가 막을 내린 해이기도 했다. 이때 만든 방대한 사회보장제도는 두고두고 일본의 발목을 잡고 있다.

2022년 일본 예산은 107조 5,964억 엔으로 10년 연속 사상 최대치를 이어갔다. 매년 예산의 30%가량은 적자 국채를 발행해 메운다. 저출산·고령화로 세수가 부족하기 때문이다. 2022년 예산 가운데 사회보장비(36조 엔)와 국채 원리금 상환비(24조 엔)만 전체 예산의 3분의 2에 달한다. 일본 정부가 새로운 성장전략에 예산을 집중시키기 어려운 이유다.

골드만삭스 애널리스트 출신으로 스가 요시히데 전 총리의 '경제브레인'이었던 데이비드 앳킨슨은 "부채가 1,000조 엔이 넘는 국가가 수도직하지진과 같은 대규모 재해를 맞으면 두 번 다시 일어설 수 없을 것"이라고 경고했다.

더는 안 먹히는 소부장 주특기

일본 정부가 디플레이션 극복을 목표로 내건 방향 자체가 잘못됐다는 지적도 있다. 기우치 다카히데 노무라종합연구소 수석 이코노미스트는 "일본경제의 부진은 물가가 아니라 잠재력이 떨어진 것이 원인"이라며 "일본 정부와 일본은행은 임금과 물가를 올리는 데만 초점을 맞췄다"라고 지적했다.

'소부장(소재·부품·장비)' 제조업 중심의 경제구조를 새롭게 바꾸는 데도 소홀했다는 지적을 받는다. 일본 제조업의 강점은 신뢰성이 높은 제품을 양산하는 기술력이다. 하지만 구조가 단순한 디지털 제품의 시대로 변하면서 일본의 장기인 정밀 가공 기술을 살릴 여지가 줄었다. 적당한 품질을 저렴한 가격에 내놓는 중국과 경쟁하기 위해 가격인하에 목을 매면서 노동생산성이 주요국 하위권을 맴돌게 됐다.

미국경제가 애플과 같은 빅테크의 출현으로 도약하는 동안 일본 시가총액 상위 종목은 여전히 인프라 기업으로 채워져 있다. 기우치 야스히로 일본생산성본부 선임 연구원은 "1990년대는 업무 효율화가 부가가치로 이어졌지만. 지금은 비용절감이 가격인하의 재원이 되고 말았다"라고 지적했다.

02

'나쁜 엔저'라도 일본은행은
움직이지 못한다

스즈키 준이치 일본 재무상은 2022년 4월 15일 기자회견과 4월 18일 국회에서 잇따라 "기업이 원재료값 상승분을 판매 가격에 전가하지 못하고 임금인상이 불충분한 상황에서 진행되는 엔화 약세는 '나쁜 엔저'"라고 말했다.

통화당국 최고 책임자가 환율 수준을 이처럼 직설적으로 평가하는 것은 매우 이례적이다. 한국은행 관계자는 "환율은 상대국과 직접적인 관계가 있는 문제, 엔달러 환율의 경우 미국경제와도 관련 있는 문제이기 때문에 통화당국자들은 환율의 수준이 아니라 속도를 언급하는 것이 일반적"이라고 말했다.

일본 재무상이 '나쁜 엔저'라는 원색적인 표현을 써가며 구두 개입을 했는데도 같은 달 엔화 가치는 126엔까지 떨어졌다. 2022년 9월 22일 엔화 가치는 145.9엔으로 24년 만의 최저치로 떨어졌다. 급기야 재무성과 일본은행은 시장의 예상을 깨고 외환시장에 직접 개입하는 초강수를 던졌다. 사상 최대 규모인 2조 8,000억 엔어치의 달러를 투입해 달러를 팔고 엔화를 샀다. 일본 통화당국이 엔화를 매수하는 방식으로 시장에 직접 개입한 것 역시 1998년 이후 24년 만이다.

일본 통화당국이 시장 직접 개입이란 강공책을 펼쳤지만 효과는 하루를 가지 못했다. 달러당 엔화 가치가 140엔까지 오르기도 했지만, 또다시 140엔 중반대까지 밀려났다. 일본 정부가 1998년 6월 외환시장에 개입했을 때도 엔화를 2조 엔어치를 사들이고도 환율 방어에 실패했다. 그해 8월에는 엔화 가치가 147.64엔까지 떨어졌다. 엔화의 방향을 바꿔놓으려면 개입이 아니라 일본은행이 '나 홀로 금융완화'를 멈춰야 한다는 분석이 지배적이다.

금리 올리면 재정 파탄

미국, 영국, 한국 등 주요국 중앙은행이 잇따라 금리를 올리는 데 반해 일본은행만 마이너스 금리를 유지하고 있다. 현 시점에서는 이자율이 제로인 일본에서 자금을 빼 이자율이 높은 미국에 투자하는 게 합리적이라는 지적이다. 하지만 구로다 하루히코 일본은행 총재는 대규모 금융완화를 지속할 것이라는 뜻을 분명히 밝혔다. 시장에서는 일본은행이 나 홀로 금융완화를 고수할 수밖에 없는 외통수에 걸렸다는 말이 나온다.

구로다 총재는 2013년 취임 직후부터 대규모 금융완화 정책으로 아베노믹스를 측면 지원했다. '물가상승률이 안정적으로 2% 수준을 유지할 때까지'인 정책목표를 달성하지 못했는데 긴축으로 돌아서면 지난 10여 년간의 금융완화 정책을 스스로 부정하게 된다는 고민을 안고 있다.

환율을 방어하려다 자칫 재정을 파탄낼 수 있다는 점도 일본은행이 섣불리 움직이지 못하는 이유다. 2021년 말 일본의 국채 잔고는 처음으로 1,000조 엔을 넘어섰다. GDP 대비 국가부채 비율이 256%로 미국(133%)과 영국(108%)의 2배가 넘는다.

2022년 일본 정부는 예산 부족분 37조 엔을 적자국채 발행으로 메운다. 일본이 G7 최악의 재정건전성을 감당할 수 있는 이유는 일본은행이 국채의 상당 부분을 사들여 금리 상승을 억제하고 있기 때문이다. 2022년 6월 말 기준 일본은행은 일본 국채의 50%를 갖고 있다.

일본 재무성은 일본은행이 금리를 1%포인트 올리면 연간 원리금 부담이 3조 7,000억 엔 늘어날 것으로 추산했다. 금리가 2%포인트 오르면 매년 갚아야 할 원리금은 7조 5,000억 엔이나 더 불어난다.

이러한 부담을 감수하고 통화긴축 정책을 편다고 해서 엔저를 막을 수 있다는 보장도 없다. 미국의 금리가 워낙 가파른 속도로

[그림 2-2] **일본은행이 통화정책 전환을 못하는 이유**

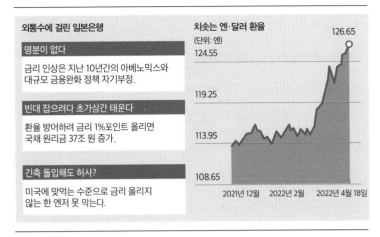

| 외통수에 걸린 일본은행 | 치솟는 엔·달러 환율 (단위: 엔) |

명분이 없다
금리 인상은 지난 10년간의 아베노믹스와 대규모 금융완화 정책 자기부정.

빈대 잡으려다 초가삼간 태운다
환율 방어하려 금리 1%포인트 올리면 국채 원리금 37조 원 증가.

긴축 돌입해도 허사?
미국에 맞먹는 수준으로 금리 올리지 않는 한 엔저 못 막는다.

오르고 있기 때문이다. 물가와의 싸움에 나선 미국 정부가 엔화 강세를 용인할지도 불투명한 것으로 보인다. 일본은행 관계자는 "환율을 방어하려면 금리를 미국과 비슷한 수준으로 올려야 한다"라며 "그 경우 재정 파탄으로 다시 엔화 가치가 폭락할 것"이라고 말했다([그림 2-2]).

일본 정부가 마지막으로 외환시장에 개입한 것은 1998년 6월이었다. 당시 일본 정부는 엔화를 2조 엔어치를 사들이고도 환율 방어에 실패했다. 그해 8월에는 엔화 가치가 147.64엔까지 떨어졌다.

구로다 있는 한 금리인상 없다

미국과 금리차가 계속해서 벌어짐에 따라 전문가들은 엔화 가치가 1998년 최저치인 147엔을 넘어 150엔대까지 떨어질 수 있다고 전망한다. 엔화 약세는 언제까지 계속될까? 일본의 대형 패밀리 레스토랑 프랜차이즈인 사이제리아의 호리노 잇세 사장은 일본 정부의 코로나19 방역 대책을 거침없이 비판하여 화제를 모은 인물이다.

2021년 1월 기자회견에서는 코로나19 확산 방지를 위해 점심 시간에도 외식을 자제해달라는 일본 정부의 권고에 "후사케루나(ふざけんな!, '장난해 지금!'이라는 뜻)"라고 맹반발해서 속시원하다는 반응을 얻기도 했다.

호리노 사장이 2022년 4월 13일 실적 발표를 위한 기자회견을 했다. "모든 수입품에 통화약세의 여파가 불어닥치는 최악의 엔저"라며 당시 상황에 대한 불만을 쏟아냈다. '언제까지 엔 약세가 계속될 것으로 보느냐'는 취재진의 질문에 그는 "구로다가 바뀌지 않는 한 현재 상황이 변하지 않을 것"이라고 말했다. 대다수 전문가의 예상도 호리노 사장과 일치한다. 구로다 일본은행 총재의 임기는 2023년 4월 9일까지다.

03

중국이 일본의 등골을 빼내 부자 됐다?

'아베 신조 전 일본 총리가 시진핑 중국 국가주석이 주도하는 대국굴기(중국의 패권주의)의 자금줄이었다.'

최근 일본에서는 아베노믹스의 부작용에 대한 비판이 거세지고 있다. '아베가 시진핑의 전주(錢主)였다'라거나 '중국이 일본의 등골을 빼내 부자가 되고 있다'라는 주장도 그중 하나다.

중국의 급부상에 가장 곤란한 나라가 이웃 일본이다. 중국에 세계 2위 경제대국 지위를 내주면서 세계시장을 속속 뺏기고 있는 데다 동북아시아 지역의 주도권도 넘겨주고 있기 때문이다. '중국이 눈부신 경제 성장을 이룩하는 데 종잣돈을 댄 인물이 바로 아베다'라는 믿기 힘든 주장이 일본의 일부 경제전문가들 사이에서 나오는 것은 최근의 엔화 가치 하락과 관계가 있다. 아베노믹스를 통해 엔화 가치를 의도적으로 떨어뜨린 인물이 바로 아베 전 총리이기 때문이다.

MMT 이론이 통하지 않는 일본

아베 전 총리는 2012년 12월에 집권하자 아베노믹스에 바로 착수했다. 일본 정부는 연간 수십조 엔씩 국채를 발행해서 재정확장 정책을 펼치고 일본은행은 이차원 금융완화 정책을 실시해 물가상승률이 2%에 도달할 때까지 무제한 자금을 풀었다.

아베노믹스는 현대통화이론(MMT)과 통한다. MMT란 '기축통화를 가진 나라의 정부는 돈을 무한정 찍어낼 수 있어서 재정적자가 아무리 커져도 국가부도의 우려가 없다. 그러니 인플레이션이 심해지지 않는 수준에서는 걱정하지 말고 돈을 풀어 경기를 살려야 한다'라는 이론이다.

정부의 지출이 세수를 넘어서면 안 된다는 주류 경제학의 철칙과 반대되기 때문에 이단 취급을 받아왔다. 그런데 2008년 글로벌 금융위기 당시 미국과 이번 코로나19 쇼크 당시 주요국들은 사실상의 MMT 정책을 썼고, 경기 추락을 막는 효과를 거두면서 주목받고 있다. 하지만 일본은 현대통화이론이 안 먹히는 나라라는 분석이 나온다. 일본은행은 민간 금융회사로부터 국채를 사들이는 간접적인 방식으로 일본 정부의 재정확장 정책을 지원한다. 일본은행이 국채를 사들이기 위해 찍어낸 엔화가 메가뱅크 등 민간은행으로 흘러들어 가면, 이 자금을 민간은행들은 기업과 가계에 대출해 융통시켜야 한다. 하지만 일본경제가 오랜 침체에 빠지면서 금융시장의 가장 기본적인 이 원리가 작동하지 않게 됐다. 기업은 설비투자를 안 하고 가계는 주택자금을 안 빌리려 하기 때문이다.

일본에서 남아도는 자금을 빌려줄 데가 없게 된 일본의 은행들이 눈을 돌린 곳이 국제금융시장이다. 일본의 대형은행들은 뉴욕, 런던 등 해외거점을 통해 자금을 운용한다. 일본에서 남는 엔화를 가져다 달러 자산에 투자한다. 일본으로서는 대외금융채권, 해외에서 받을 돈이 늘어나는 셈이다.

일본은행이 돈 찍을수록 반기는 중국

국제금융회사들도 엔화를 반긴다. 조달금리가 거의 제로이기 때문이다. 무이자에 가까운 금리로 엔화를 빌려 달러로 바꾸고 이를 국제금융시장에 융통한다. 수년간 뉴욕과 런던 등 국제금융시장의 자금 공급 능력이 커지고 금리도 낮게 유지된 것은 일본 자금 덕분이라는 분석이 많다.

사실은 일본은행이 일본의 국내경제를 띄우려고 찍어낸 돈인데도 말이다. 지난 10여 년간 일본은행이 발행한 자금의 절반 이상이 국제금융시장으로 흘러들어 간 것이라 분석한다. 이 자금이 흘러들어 간 곳이 바로 중국이다. 중국은 낮은 비용으로 조달한 자금(일본의 은행들이 싸게 공급한 자금)으로 군사기술을 포함한 해외의 최첨단 기술을 획득하고 중국 중심의 거대경제권 구상인 일대일로(내륙과 해상의 실크로드경제벨트) 투자 등에 사용했다.

일본의 민간은행들은 중국에 직접 투·융자를 한 적이 없다. 그런데도 국제금융시장이라는 중개거점을 통해 중국의 대기업과 지방정부는 달러채를 발행해 투자자금을 마련하고, 글로벌 큰손 투자가들은 싸게 조달한 자금을 홍콩증시와 상하이증시에 상장하는 중국기업에 투자하는 결과가 나온 것이다.

아베노믹스가 '정작 일본경제를 활성화하는 효과는 없고 대국굴기를 외치는 중국 시진핑 정권만 기쁘게 할 뿐이다'라거나 '일본 정부와 일본은행이 엔화를 찍어서 중국의 대외 확장정책에 자금을 대고 있다'라는 비판이 나오는 이유다.

아베가 시진핑의 자금줄이라는 이 역설적인 주장은 통계로도 입증된다. 일본은행의 자금발행 잔고, 일본의 대외금융채권, 일본 민간은행의 국제융자, 중국의 대외금융채무는 2012년 12월부터 동일하게 증가했다. 추세가 일치하는 정도가 아니라 금액까지 거의 같다. 2021년 9월 말까지 일본은행 자금은 488조 엔, 일본의 대외금융채권은 524조 엔 늘었다. 일본은행이 찍어낸 돈이 고스란히 해외로 흘러갔다는 의미다.

또 같은 기간 민간은행의 국제융자 규모가 206조 엔 증가하는

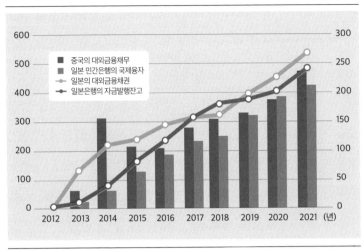

[그림 2-3] 일본은행의 자금발행잔고, 일본의 대외금융채권, 일본 민간은행의 국제융자, 중국의 대외금융채무 변화 추이

(단위: 조 엔)

출처: 〈산케이신문〉

동안 중국의 대외금융채무(2021년 6월 말)는 232조 엔 늘었다. 일본의 민간은행들이 국제금융시장으로 들고나간 돈 대부분이 중국으로 흘러들어 갔다고 추정할 수 있는 수치다([그림 2-3]).

중소기업의 낮은 생산성이 만든 일본의 저생산성

'일본기업의 기술력과 근로자의 근면성은 세계 최고 수준인데 일본의 노동생산성은 왜 최저 수준인가'는 일본의 오랜 고민이기도 하다. 우선 중소기업의 영세성이 낳은 저생산성이 일본의 노동생산성이 저조한 원인으로 꼽힌다.

일본의 중소기업 평균 규모는 미국의 절반, 유럽의 3분의 2 수준이다. 미국과 유럽보다 영세한 중소기업이 난립하다 보니 규모의 경제를 발휘하지 못한다. 일본 중소기업은 전체 기업 숫자의 99.7%, 전체 고용의 70%를 차지한다. 중소기업의 낮은 생산성이 일본의 저생산성으로 이어지는 이유다. 노동집약적 산업을 중심으로 경제가 급성장한 1956~1973년 고도성장기 일본의 중소기업은 고용의 기반이었다. 오늘날은 사정이 달라졌다. 일본 정부도 인구가 계속 감소하는 일본에서 생산성 향상으로 근로자의 소득 수준을 높이지 않으면 사회 시스템을 유지할 수 없다는 점을 잘 알고 있다. 문제는 역대 정부가 대기업의 생산성을 높이는 데만 주력했다는 점이다.

'중소기업은 일본의 보배'라는 뿌리 깊은 인식 때문에 개혁의 칼날을 대는 것을 주저한 탓이다. 대기업보다 높은 생산성을 달성한 극히 일부 중소기업의 신화가 대다수 중소기업의 사례인 것처럼 과장됐다는 것이다. 중소기업에 대한 두터운 우대 정책을 누리려고 일부러 기업의 규모를 키우지 않는 '피터팬 증후군'은 일본에서도 경제의 활력을 떨어뜨리는 문제가 되고 있다.

생산성을 높이기 위한 기업의 자체적인 노력도 별다른 평가를 받지 못하고 있다. 혁신을 통해 상품과 서비스의 경쟁력을 높이는 대신 인력을 줄이는 데 급급하기 때문이다. 도쿄상공리서치에 따르면 2021년 희망퇴직을 실시한 상장사는 84곳으로 2년 연속 80

곳을 넘었다.

스가 요시히데 전 총리 내각에서 총리 직속 자문기구인 성장전략 회의 멤버였던 데이비드 앳킨슨 전 골드만삭스 애널리스트는 "중소기업 재편 및 통폐합을 위한 최고 수단은 최저임금을 대폭 인상하는 것"이라고 주장했다. 그는 인구가 줄어드는 일본은 '최저 임금인상이 실업을 늘릴 것'이라는 우려를 하지 않아도 된다고 주장하며, "중소기업 통폐합으로 감소하는 건 사장의 숫자뿐"이라고 강조했다.

재교육 통한 생산성 향상도 최저 수준

세계 주요국 정부와 기업은 '포스트 코로나'에 대비해 '리스쿨링(재교육)'에 주력하고 있다. 한정된 인재를 디지털과 같은 성장 분야에 재배치하기 위한 전략이다. 코로나19의 충격으로 인해 고용 유지에 집중했던 기업의 인사 전략이 인재 재배치로 전환한 것이다. 〈니혼게이자이신문〉은 "노동력을 성장산업에 재배치해서 산업구조가 진전되면 경제활성화 효과가 세계적으로 700조 엔에 달할 것"이라고 분석했다.

재교육을 통한 생산성 향상이 국가경쟁력을 좌우하는 시대지만 일본은 이마저도 뒤처져 있다. 2017년 기준 일본 정부가 직업훈련에 지출한 금액은 GDP의 0.01%로 주요국 최저 수준이다.

미국의 3분의 1, 독일의 18분의 1에 불과하다.

코로나19 경제대책 중 하나로 일본은 근로자를 해고하는 대신 휴직시키는 기업을 위한 현금 지원에 4조 엔 이상을 쏟아붓는 등 실업 줄이기에 집중했다. OECD에 따르면 일본은 성인의 학습기회 점수가 0.1로 평균(0.45)을 크게 밑돌았다.

04

반도체 업체 엘피다는
왜 몰락했는가

"1년만 더 기다려줬더라면 일본에도 세계 무대에서 경쟁하는 메모리반도체 기업이 살아남았을 텐데…."

사카모토 유키오 전 엘피다 사장은 지금도 2011년 말 공적자금 지원을 중단한 일본 정부의 결정을 안타까워한다. 2012년 2월 27일 세계 3위 D램 반도체 업체였던 엘피다는 도쿄지방법원에 법정관리를 신청했다. 이듬해 미국 마이크론테크놀로지에 합병되면서 일본의 D램 전문업체는 한 곳도 남지 않게 됐다.

엘피다는 1999년 일본 NEC와 히타치제작소의 D램 사업부 통합으로 탄생했다. 2003년에는 미쓰비시전기의 반도체 사업부까지 합쳐 규모를 키웠다. 한때 세계시장 점유율이 20%로 반도체 기업 순위가 2위까지 올랐다. 하지만 2000년대 삼성전자 하이닉스(현 SK하이닉스)와의 치킨게임에서 패하며 점유율이 5%를 밑돌기도 했다.

일본 정부의 반도체 패전은 정책 실패 탓

일본에 남은 마지막 D램 업체였던 엘피다가 2007~2008년까지 2
년 연속 2,000억 엔 넘는 적자를 내자 일본 정부와 채권단은 2009
년 1,100억 엔의 협조융자를 제공했다. 만기인 2011년 말이 다가
오자 일본 정부와 채권단은 융자의 연장을 거부했다. 2011년 말
엘피다의 부채가 자기자본의 1.3배인 2,900억 엔까지 불어나 회
생 가능성이 없다고 판단했다. 2010년 말부터 D램 가격이 급락
하고 엔화 가치는 급등하면서 엘피다는 5분기 연속 적자를 냈다.

엘피다가 법정관리를 신청한 2012년은 스마트폰의 시대가 열
린 해였다. D램 수요가 폭발하면서 삼성전자와 하이닉스는 비약
적으로 성장했다. 일본 정부가 1년만 더 기다려줬더라면 세계 반
도체 시장의 판도가 바뀌었을 것이라고 사카모토 전 사장이 한탄
하는 이유다.

자국 산업에 대한 보조금 때문에 1980년대 미·일 무역마찰을
일으켰던 일본이 보조금을 중단하여 마지막 남은 D램 업체를 고
사시킨 것이다. 와카바야시 히데키 도쿄이과대학교 대학원 교수
는 "미·일 무역마찰의 기억 때문에 일본 정부의 정책지원은 계속
해서 한 박자 늦었다"라며 "D램 제품의 동향을 충분히 파악하지

못한 탓에 금융지원도 부실했다"라고 〈니혼게이자이신문〉과 인터뷰에서 지적했다.

엘피다의 경쟁사인 하이닉스는 오랜 D램 치킨게임 속에서도 한국 정부와 채권단의 지속적인 지원으로 되살아났다. 2004년 엘피다와 비슷한 규모였던 SK하이닉스의 시가총액은 17배 늘었다. 기시다 후미오 일본 총리 정부는 한국과 중국, 대만이 국가 차원에서 기업을 육성한 데 반해 일본은 기업 지원을 줄인 것을 '반도체 패전'의 원인으로 보고 있다. 하기우다 고이치 경제산업상은 2021년 말 국회에서 "세계 반도체 산업의 조류를 읽지 못하면서 적절하고 충분한 정책을 펼치지 못했다"라고 자인했다.

디지털 혁명의 영향으로 반도체 수요가 급증하고 있지만 1988년 50.3%였던 일본의 세계 반도체 시장점유율은 2019년 10.0%까지 내려앉았다. 경제산업성이 2021년 6월 발표한 보고서 〈반도체 전략〉에 따르면 2030년 일본의 반도체 점유율은 '제로'가 된다.

TSMC로 쏠리는 귀한 반도체 인력

일본 정부도 중요성이 날로 커지는 산업을 되살리기 위해 안간힘을 쓰고 있다. 반도체를 경제안보 차원에서 중요한 전략 물자로 지정하고, 세계 최대 반도체 파운드리 업체인 대만 TSMC의 생산공장을 규슈 구마모토에 유치했다. 약 1조 엔으로 예상되는 건설비의 절반가량인 4,000억 엔 이상을 일본 정부가 지원하는 조건이다.

일본 정부가 '최첨단 반도체 공장을 유치했다'라고 홍보하는 것과 달리 TSMC 구마모토 공장에서는 22~28나노미터(nm·1nm=10억 분의 1m) 반도체를 주로 생산한다. TSMC가 미국에 건설하는 공장에서는 최첨단 제품인 3나노미터 반도체를 생산할 전망이다.

〈니혼게이자이신문〉의 스타 칼럼니스트인 나카야마 아츠시는 "20나노미터대 기술은 10년 전 기술인 데다 TSMC의 제품이 일본의 반도체 점유율로 계산될 것도 아니다"라고 비판했다. 하기우다 경제산업상이 미국을 방문해 최첨단 2나노미터 반도체를 공동 개발하는 방안을 추진하는 것도 반도체 산업을 부흥시키려는 노력의 하나로 평가된다. 하지만 일본의 반도체 제조장비 및 소재 회사가 IBM 등 미국 반도체 기업의 기술 개발을 지원하는 방식이어서 일본 주도의 반도체 전략으로 보기 어렵다.

지난 10여 년간 일본의 반도체 산업이 쇠퇴하면서 전문 인력이 3분의 2 수준으로 줄어든 것도 '반도체 부활'을 어렵게 만드는 과제로 떠올랐다. 총무성에 따르면 전자부품 디바이스·전자회로 제조업의 25~44세 종사자 수는 2010년 38만 명에서 2021년 24만 명으로 감소했다. 인재층이 얇아지면서 일본에서는 반도체 엔지니어 쟁탈전이 벌어지고 있다. 인재정보 회사 리크루트에 따르면

2021년 반도체 엔지니어 구인배율은 1년 새 60% 증가했다.

TSMC 구마모토 공장이 가뜩이나 귀한 반도체 엔지니어를 모두 채용할 것이라는 우려도 나온다. TSMC는 2023년 4월 입사하는 학부 졸업생의 초임으로 28만 엔을 제시했다. 일본의 관련 대기업이 박사 출신에게 제시하는 임금보다 높다. 2021년 일본 전자정보기술산업회(JEITA)는 "5년 후면 반도체 공장을 신설하고 운영하는 과정에 정통한 베테랑 엔지니어가 사라질 것"이라고 전망했다.

05

일본 관공서의 입력법이
1,700가지인 이유

최근 일본 도쿄지사로 부임한 이용원 씨(가명)는 전입신고를 위해 주오구 신토미초의 주오구청을 찾았다가 당황하지 않을 수 없었다. 같은 주오구의 서류인데도 전화번호 기재 방식이 인감등록신청서는 국번을 '괄호' 안에, 인감등록증명서 교부신청서는 '하이픈(-)' 사이에 적게 돼 있었다.

생년월일도 어떤 서류는 서력으로만, 또 다른 서류는 일본의 연호로 기재하도록 했다. 외국인들에게만 관공서의 서류 작성 방식이 혼란스러운 게 아니다. 일본인들도 가로쓰기와 세로쓰기, 전각과 반각(한자 표기법) 등 제각각인 서류 양식 때문에 당황하기 일쑤다.

일본 행정의 디지털화를 가로막은 가장 큰 요인

같은 주오구청의 서류들도 이처럼 다르니 각 지방자치단체는 말할 것도 없다. 일본 미디어들은 "일본 관공서의 문서 입력 방법은 1,718가지"라고 자조한다. 1,718개는 일본 기초자치단체의 수다.

일본 행정법상 주민등록 등의 업무는 지자체의 고유권한이다. 지자체 관련 법령은 주민등록 등 관공서 문서의 종류와 항목만 규정하고 있다. 서류 양식과 기재 방식은 지자체가 독자적으로 결정한다.

1960년 오사카시를 시작으로 지자체 업무에도 컴퓨터가 도입되자 1,718개 지자체들은 저마다 다른 시스템을 도입했다. 지자체마다, 심지어 같은 지자체 내에서도 서류 양식과 기재 방법이 제각각인 이유다([그림 2-4]).

지자체마다 고유의 시스템을 운영하는 탓에 기존 시스템을 유지하고 경신하는 데만 매년 5,000억 엔이 들어간다. 1조 엔 안팎인 일본 정부 디지털 예산의 절반이다. 중앙 부처의 시스템 유지 관리비와 투자비로만 매년 7,000억 엔이 사용된다.

지자체별로 다른 서류 양식과 시스템은 주민들이 불편을 느끼고, 시스템 유지 비용에 막대한 예산이 사용되는 것으로 끝나는 문제가 아니다. 일본 행정의 디지털화를 가로막은 가장 큰 요인이 된다.

[그림 2-4] 같은 우체국의 우편번호 기재 양식도 서류마다 다른 일본

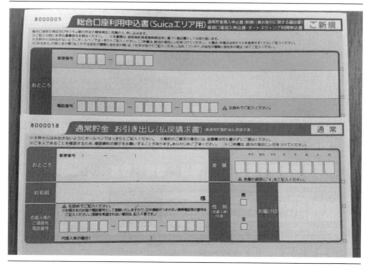

출처: 저자 제공

코로나19가 처음 확산했을 때 관련 부처들이 온라인 회의를 하지 못하고, 지자체와 보건소들이 감염 상황을 팩스로 집계한 것도 관공서 시스템이 저마다 달랐기 때문이었다. 그 결과는 미국과 한국이 2주 만에 끝낸 코로나 지원금 지급을 일본은 6개월이나 걸려 대응 속도에서 큰 차이로 나타났다. 히라이 다쿠야 당시 디지털 개혁 담당상은 "코로나19와의 싸움은 디지털 패전"이라고 말했다.

1960년 지자체 업무에 컴퓨터를 도입한 일본이 디지털화에 무관심했던 것은 아니다. 2001년 일본 정부는 5년 내 세계 최고 수준의 IT 국가를 건설한다는 'e-재팬' 전략을 내걸었다. 하지만 2020년 UN 전자정부 순위에서 일본은 14위로 처져 있다. 일본과

같은 해 디지털화를 추진한 덴마크는 세계 1위, 1997년부터 디지털화에 나선 한국은 2위다. 일본경제연구센터(JCER)가 평가한 2020년 디지털잠재력지수에서도 일본은 66.3점으로 16위에 그쳤다. 1위 스웨덴(74.9점)과 5위 한국(70.8점)과의 격차가 더 벌어지고 있다.

실패 수순을 밟고 있는 디지털청의 암울한 미래

일본의 디지털화가 구호에 그친 가장 큰 원인은 칸막이 행정 때문이라 할 수 있다. 디지털 업무가 종합전략과 마이넘버 카드(한국의 주민등록번호)는 내각관방, 지자체 디지털화는 총무성, 민간 부문 디지털화는 경제산업성으로 흩어져 있었다. 온라인 진료는 후생노동성, 원격교육은 문부과학성, 운전면허증은 경찰청 소관이었다.

미래 전략만 하더라도 인공지능(AI)은 문부과학성과 경제산업성, 사이버보안은 내각관방과 경제산업성 총무성이 제각각 추진해왔다. 그렇지 않아도 디지털 예산의 절반은 지자체마다 제각각인 시스템 보수·경신에 사용되는데 정부 부처마다 중복투자에 나서니 성과가 나올 수 없었던 것이다.

노무라 아츠코 일본종합연구소 선임 연구원은 〈니혼게이자이신문〉에 "한국은 정부부처를 넘나들며 디지털화를 진행하는 강력한 조직이 있었기 때문에 성공했다"라고 지적했다. '디지털 패전'을 만회하려고 일본 정부는 2021년 9월 총리 직속으로 디지털청을 설립했다. 흩어져 있는 디지털 업무를 한데 모아 일본의 디지털화 총괄 지휘가 목적이었다. 초대 장관에는 히라이 디지털개혁 담당상, 사무행정의 최고 책임자인 디지털감(監)에는 민간 출신인 이시쿠라 요코 히토쓰바시대학교 명예교수(72세)를 임명했다.

스가 요시히데 당시 일본 총리는 2020년 9월 23일 디지털 개혁 관계 각료 회의에서 "디지털청은 부처 간 칸막이 행정을 타파하고 대담한 규제 개혁을 단행하기 위한 돌파구"라고 말했다. 디지털청은 우선 마이넘버 카드의 보급과 활용 범위를 넓히는 데 주력할 계획이다. 지자체 행정시스템을 2025년까지 통합하는 작업도 한다.

하지만 일본 전문가들 사이에서도 디지털청의 성과를 기대하는 이는 거의 없다. 코로나19 확산 2년간 일본 정부가 다양한 인센티브를 제공했지만, 마이넘버 카드를 가진 일본인은 전체의 36%에 그쳤다. 1,718개에 달하는 지자체 행정시스템을 통합하는 일은 불가능하다고 단언하는 IT 전문가도 적지 않다.

한 일본 사립대학교 교수는 "IT 환경이 익숙할 리 없는 72세의 노교수를 디지털청의 최고 책임자로 임명한 데서 디지털청의 미래를 엿볼 수 있다"라고 말했다. 이시쿠라 디지털감은 결국 1년도 안 된 2022년 4월 건강 악화와 전문 지식 부족을 이유로 퇴임했다.

06

'하울의 움직이는 성'이 된
정부 시스템

"행정 수속의 99.247%에 인감을 찍는 절차를 폐지하겠다. 관공서가 팩스로 접수를 받는 대신 이메일로 정보를 모으도록 하겠다."

2020년 9~10월 고노 다로 당시 일본 행정개혁상이 발표한 '탈인감·탈팩스' 선언이다. 일본 지방자치단체와 보건소가 코로나19 신규 확진자 수를 팩스와 수작업 등 후진적인 방식으로 집계하는 실태가 세계적으로 화제가 된 게 계기였다. 2021년 9월에는 부처별로 흩어져 있던 디지털 업무를 총괄하는 디지털청도 출범했다. 하지만 고노 행정개혁상의 탈인감·탈팩스 선언 2년이 다 되도록 일본은 여전히 코로나19 현황 파악을 팩스에 의존하는 것으로 나타났다.

현장 부담을 가중한 IT시스템

〈요미우리신문〉은 전국 20개 주요 도시와 도쿄23구 등 43개 지자체를 대상으로 제5차 유행이 한창이었던 2021년 8월 16~22일과 제6차 유행으로 1일 확진자가 5만 명을 넘은 2022년 2월 28~3월 6일의 환자 발생 신고서 제출 상황을 조사했다.

그 결과 환자 발생 신고서의 53%와 49%가 팩스로 제출된 것으로 확인됐다. 시즈오카시와 하마마쓰시는 약 95%가 팩스로 접수됐다. 고베시(85%), 구마모토시(73%) 등도 대부분의 감염자 현황을 팩스로 전달했다.

일본 정부는 코로나19가 확산한 2020년 5월 일본 전역의 감염자 정보를 신속하게 파악하기 위해 '허시스(HER-SYS)'라는 시스템을 개발했다. 시스템 개발 비용을 제외하고 시스템을 보완하는 데만 3년간 58억 엔이 들었다. 의료진이 직접 허시스에 감염자 정보를 입력함으로써 팩스 집계를 없앤다는 계획이었다. 하지만 시스템 도입 2년이 지나도록 주요 도시의 병원 절반이 팩스에 의존하는 실태가 재확인된 것이다. 병원이 감염자 정보를 팩스로 보내면 보건소 직원들이 수작업으로 허시스에 정보를 입력한다.

제6차 유행이 한창이었던 2022년 1월 말 고베시 보건소에는 매일 2,100장의 팩스가 도착해 직원들이 자정까지 입력 작업을 했다. 밀려드는 팩스를 감당하지 못한 오사카시는 3억 4,000만 엔

[그림 2-5] **2022년 코로나19 유행 당시 팩스를 쓰는 보건소와 나고야시 직원들의 모습**

코로나19 제6차 유행이 한창이었던 2022년 1월 31일 고베시 보건소에 팩스로 도착한 2,100장의 확진자 발생 신고서(왼쪽)와 병원으로부터 팩스로 받은 코로나19 감염자 발생 신고서를 PC에 대신 입력하는 나고야시 직원들이다. 2022년 5월 16일 당시에도 10명 이상이 매일 수작업을 계속하고 있었다.
출처: 〈요미우리신문〉

을 들어 민간에 허시스 입력을 위탁했다. 나고야시는 팩스 자료를 입력하는 전담팀을 꾸리는데 2022년 1억 4,400만 엔을 쓴다. 업무 효율화를 위해 도입한 디지털 시스템이 도리어 현장의 부담을 늘리는 것이다([그림 2-5]).

현장 의료진은 "허시스의 입력 방법이 복잡해 손으로 쓰는 것보다 시간이 2배 이상 걸린다"라고 하소연한다. 허시스가 스마트폰으로 입력할 수 없으며 입력 항목이 약 40개로 너무 많고 접속이 몰리면 입력이 어려워진다는 불만이 쏟아졌다. 또한 병원 차트와 연동이 안 되어 사용자의 눈높이에 맞추지 못했다고 지적한다.

의료진이 허시스를 외면하자 도쿄도는 2022년 1월부터 환자정보 입력 한 건당 1만 엔의 협력금을 지급한다. 덕분에 도쿄도의 팩스 제출 비율이 46%에서 20%로 떨어지자 오사카부도 5월부터 초기비용 10만 엔, 입력 한 건당 3,000엔의 지원금을 병원에 지급하기로 했다.

의료 현장과 지자체 외면을 받는 의료정보 시스템

허시스를 둘러싼 소동은 일본의 디지털 행정이 얼마나 후진적인지 보여주는 대표적인 사례다. 허시스 이전에도 일본은 전염병 발생 상황을 집계하는 '네시드(NESID)'라는 시스템이 있었다. 네시드는 병원으로부터 받은 팩스 자료를 보건소 직원들이 입력하는 시스템이었다. 이 절차를 없애기 위해 개발한 시스템이 허시스지만 복잡한 입력 방식 때문에 외면 받는 것이다.

비슷한 위기관리 시스템이 난립한 것도 신속한 대처를 어렵게 만드는 요인이다. 후생노동성은 1995년 한신대지진을 계기로 병원의 의료물자 부족을 파악할 수 있는 '광역재해구급의료정보시스템(EMIS)'을 만들었다. 하지만 코로나19가 확산하자 'G-MIS'라는 시스템을 새로 만들었다. 기존의 EMIS에는 코로나19로 부족한 마스크와 방호복을 입력하는 항목이 없었기 때문이다.

코로나19 백신 접종 관리와 관련해서는 후생노동성이 2021년 2월 '백신접종원활화시스템(V-SYS)'을 개발한 두 달 뒤인 2021년 4월 내각관방이 '백신접종기록시스템(VRS)'을 따로 개발하는 촌

극이 벌어지기도 했다. V-SYS가 병원의 백신 재고와 접종횟수는 파악할 수 있지만 누가 언제 어디서 백신을 접종받았는지 알 수 있는 항목이 없었기 때문이다. 하지만 V-SYS를 보완한 VRS 역시 단말기 사용법이 어렵다는 이유로 의료 현장과 지자체의 외면을 받고 있다.

일본 정부는 왜 전염병 발생 상황과 백신 접종 기록을 한번에 관리하는 통합 시스템을 만들지 않고 부처마다 시스템을 따로 만들었을까. 기존의 시스템을 보완하지 않고 왜 새로운 시스템을 개발했을까.

사카시타 데츠야 일본 정보경제사회추진협회 상무는 〈마이니치신문〉과 인터뷰에서 "각 부처가 필요할 때마다 한두 가지 기능만 갖춘 시스템을 여러 IT 업체에 발주했기 때문"이라며 "시스템을 보완하느니 새로운 시스템을 만드는 편이 빠르고 싸다"라고 말했다. 그 결과 일본 정부의 디지털 체계는 기존 시스템에 새 시스템이 덕지덕지 추가된 '하울의 움직이는 성'과 같아졌다고 사카시타 상무는 지적했다.

일본 관공서 99%가 IT업자 한 곳과 종신계약

2022년 2월 8일 일본 공정거래위원회는 전국 1,800여 개 행정기관과 지자체의 정보시스템 수주 현황을 조사한 결과 "99%가 IT

업자 한 곳과 장기 재계약을 맺고 있다"라고 밝혔다. IT업자들이 시스템 유지·보수로 계속해서 수익을 올리기 위해 한번 수주하면 다른 회사는 접근하기 어려운 사양을 집어넣는 형태로 경쟁자의 진입을 막고 있다고 한다. 관공서의 IT 전문지식이 부족한 점을 악용한 것이다.

회계검사원에 따르면 2018년 정부 부처가 발주한 정보시스템 가운데 입찰 참가자가 한 곳뿐인 사례가 74%였다. "새로운 업체를 선정하려 했더니 기존 IT업체가 데이터 이전 비용으로만 5,000만 엔을 요구해 단념했다"라는 지자체도 있었다. 일본 공정위는 정부 기관을 상대로 한 IT업체들의 영업방식이 "독점금지법상 경쟁사의 참가를 방해하는 '사적 독점'에 해당할 수 있다"라고 지적했다.

07

전 세계 꼴찌,
일본의 디지털 교육

일본 정부가 전 세계 최하위 수준인 교육의 디지털화를 위해 대대적인 제도 개선에 나선다. 초중고교생 전원에게 온라인 수업용 단말기를 3년 앞당겨 지급하고, IT기업 출신자(OB) 9,000명을 일선 학교에 파견해 교사들에게 디지털 교육법을 가르치기로 했다.

2020년 11월 23일 〈니혼게이자이신문〉에 따르면 일본 정부는 전국 모든 초중고교에서 온라인수업을 할 수 있는 시스템과 교사 확보를 목표로 기존 교육제도를 전면 개편한다. 초중고교생 전원에게 학습용 단말기 지급 계획을 3년 앞당겨 2020년 연말까지 마치고, 2024년까지 디지털교과서를 일선 학교에 도입하기로 했다. 2020년부터 소프트웨어 개발법을 배울 수 있는 프로그래밍 수업도 초중고교에 단계적으로 도입한다.

디지털 활용 능력을 갖춘 교사들을 육성하는 제도도 마련한다.

2021년부터 최대 9,000명의 IT기업 출신자들을 일선 학교에 파견해 전국 100만 명에 달하는 초중고교 교사 전원이 온라인수업을 할 수 있도록 지도하고 있다. '기가스쿨서포터'라는 이름을 붙인 IT기업 출신 파견자들은 교사들에게 온라인 학습용 기기와 소프트웨어 사용법을 지도한다. 일본 정부는 지방자치단체에 파견 비용을 보조할 계획이다.

문부과학성은 수업시간에 단말기 활용법을 소개하는 동영상도 인터넷에 공개해 교사들이 익히도록 했다. 앞으로는 교사 양성 단계에서부터 디지털 관련 전문과목을 이수하는 방안도 검토 중이다. 교사들의 세대 교체에 맞춰 앞으로 모든 교원이 디지털 활용 기술을 갖추도록 하겠다는 것이다.

대학교 교원들을 '정보통신기술(ICT) 활용교육 어드바이저'로 파견해 학생의 연령과 학력에 맞는 개별지도법과 단말기 사용법도 조언한다. 하기우다 고이치 일본 문부과학성은 "2021년은 학교 현장의 ICT 원년"이라며 2021년 예산안에 교육의 디지털화를 위한 예산을 요청했다.

OECD 꼴찌인 온라인 교육 환경

일본 정부가 교육의 디지털화 개혁을 서두르는 것은 코로나19 확산 이후 일본 교육의 약점이 여지없이 노출됐기 때문이다. 코로나

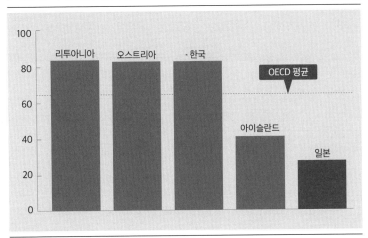

[그림 2-6] 디지털 활용기술이 높은 학교에 다니는 학생의 비율 (단위: %)

출처: OECD

19로 대부분 학교가 휴교한 2020년 4월 우리나라 학교들이 온라인 수업을 실시한 반면, 일본은 교육 중단 현상이 발생했다. 쌍방향 원격지도가 가능한 설비를 갖춘 공립 초중고교가 전체의 15%에 불과했기 때문이다. 그나마 교사들의 디지털 활용능력 부족과 가정의 인터넷 설비 미비로 인해 실제 온라인 수업이 가능한 학교는 5%에 불과했다.

2018년 OECD 조사에서 '온라인교육이 가능한 설비와 지도교사를 확보한 학교에 다니는 15세 학생 비율'이 일본은 27.3%로 79개국 가운데 꼴찌였다. 3위 한국은 리투아니아, 오스트리아와 함께 80%를 넘었다([그림 2-6]). 〈니혼게이자이신문〉은 한국이 1999년 정보교육을 추진하는 전문기관을 설립하고 2017년부터 단계적으로 프로그래밍 교육을 초중학교의 필수교과목으로 도입했다고 소개했다. 또 2019년 2월까지 교원의 40%에 달하는 7만 5,000명이 디지털 교육 연수를 마치는 등 교사양성 단계부터 디지털 지도법을 배우고 있다고 전했다.

도후쿠대학교의 호리타 다츠야 교수는 "일본은 종이 교과서와 칠판을 사용하는 교육에 주력하느라 ICT를 적극적으로 도입하지 않았다"라며 "성적 관리 등 학교 업무에서도 디지털화를 진전시켜 교육계 전반에서 ICT 활용을 서둘러야 할 것"이라고 말했다.

08

일본에 최악이 될
중국의 대만 병합 시나리오

중국과 대만의 군사 긴장이 높아지면서 일본에서는 '대만이 중국에 병합될 경우'라는 최악의 시나리오를 분석하는 작업이 한창 진행되고 있다.

아키타 히로유키 〈니혼게이자이신문〉 코멘테이터(전문 논설위원)는 2021년 11월 10일 칼럼을 통해 "중국이 대만을 병합하면 섬 전체를 군사기지화해 제1열도선을 무력화하고 동남아시아와 남태평양의 패권을 쥐게 될 것"이라고 내다봤다.

나카야마 아쓰시 코멘테이터는 최근 칼럼에서 "TSMC의 일본 구마모토현 공장 신설도 사실은 일본 정부의 반도체 공장 유치가 아니라 미국이 TSMC의 생산능력 일부를 대만에서 일본으로 피난시킨 것"이라는 일본 재계의 목소리를 소개했다.

대만이 미국과 유럽과의 관계를 강화할수록 중국의 군사위협은 높아지고 있다. 2021년 10월 한 달간 중국 군용기 200대가 대만 방공식별구역에 진입했다. 대만이 진입횟수를 집계해 발표한 2020년 9월 이후 최대 규모다.

2021년 3월 필립 데이비슨 당시 미국 인도태평양사령관은 미 상원 군사위원회 청문회에 출석해 "중국이 6년 이내에 대만을 침공할 수 있다"라고 말했다.

미국 NBC 방송은 안보전문가의 말을 인용해 중국이 대만을 침공하는 상황을 가정한 워게임에서 미국이 패배할 확률이 높다고 보도했다. 미국과 아시아 각국의 정부 관계자와 안보전문가들은 중국이 대만을 강제병합하면 지정학적 판도가 완전히 뒤바뀔 것으로 우려한다.

마쓰다 야스히로 도쿄대학교 교수는 "대만 병합은 곧 미국 시대의 종언을 의미한다"라며 "시진핑 정권은 기회를 놓치지 않고 아시아·태평양 전체에서 패권을 쥐려 할 것"이라고 분석했다. 또한 "시 정권의 대외확장은 남지나해에 그치지 않고 동남아시아와 남태평양으로 범위가 확대돼 일본도 중국의 패권 밑으로 들어갈 것"이라고 내다봤다.

중국이 대만에 군사기지를 설치하면 규슈에서 오키나와와 대만, 필리핀을 잇는 제1열도선을 뚫고 태평양에 진출하기 쉬워진다. 핵미사일을 탑재한 원자력 잠수함이 태평양에서 활동반경을 넓히면 미국의 '핵우산'을 무력화할 수 있다는 것이다. 대만의

3,000m급 산 정상에 레이더기지를 설치하면 중국군은 아시아·태평양의 미군과 자위대의 움직임을 세세하게 파악할 수도 있다.

엘브리지 콜비 전 미 국방부 부차관보는 "중국이 대만을 병합하면 틀림없이 섬 전체를 군사화할 것"이라며 "일본의 난세이제도(규슈 남부에서 대만 북동부에 걸친 일본령 섬들)뿐 아니라 필리핀도 취약해진다"라고 말했다. 세계 첨단 반도체의 90%를 생산하는 대만의 기술력이 중국에 넘어가면 세계 하이테크 경쟁의 향방도 바뀔 수 있다.

일본이 중국의 움직임을 예의주시하는 이유

일본이 가장 우려하는 것은 중국이 오키나와 영유권을 주장하는 것이다. 중국 공산당 기관지 〈인민일보〉는 2013년 5월 일본의 류큐(오키나와) 귀속 문제는 미해결이라는 학자의 논문을 실으며 "역사적으로 미해결 지역인 오키나와 문제를 다시 의논해야 할 때가 왔다"라고 주장했다. 일본은 1879년 오키나와를 병합했다. 중국이 오키나와 문제를 거론한 건 오키나와에 주둔한 미군을 흔들려는 것이 목적이라고 한다. 일본 안보 담당자는 "대만을 병합한 중국에 오키나와에 주둔한 미군은 눈엣가시"라며 "중국이 오키나와 귀속 논쟁을 일으켜 미군 주둔의 정당성을 흔들 가능성이 있다"라고 말했다.

[그림 2-7] 대만에서 불과 100㎞ 떨어진 일본의 최서단 영토인 요나구니섬

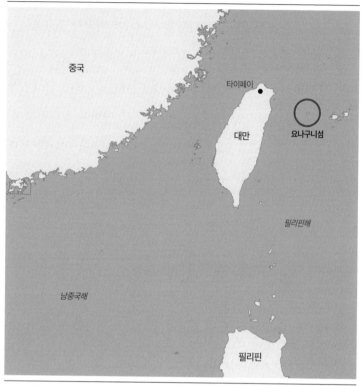

출처: 셔터스톡

  이 때문에 중국의 대만 병합은 어떤 방식으로든 일본에 악몽이라고 아키타 코멘테이터는 진단했다. 그는 "대만 해협에서 전쟁이 벌어지면 일본 일부도 전장이 되고, 일본이 전투에 직간접적으로 관여하면 막대한 희생이 발생할 것"이라고 우려했다.

  일본의 최서단 영토인 요나구니섬은 대만에서 불과 100km 떨어져 있다([그림 2-7]). 대만과 중국 사이에 무력충돌이 생기면 일

본에 불똥이 튈 수밖에 없다. 중국군이 오키나와에 주둔 중인 미국의 개입을 막고자 선제 공격을 할 수 있고, 일본이 집단적 자위권을 행사하다가 오히려 피해를 입을 수도 있다. 이 때문에 아키타 코멘테이터는 "일본 정부가 대만 병합의 위험을 정밀하게 평가해 유사시 일본이 '무엇을 어디까지 할지' 판단해야 한다"라고 주장했다.

일본은 이런 상황에 대비하고자 2022년 말까지 국가안전보장전략을 개정하고 방위비를 대폭 증액하는 작업을 추진하고 있다.

탈꼴찌 경쟁을 넘어 1등 경쟁으로

"지난 35년간 한국 정부는 '대일 무역적자는 악'이라는 발상에 갇혀 18차례나 소재·부품·장비의 국산화 정책을 반복했습니다. 한·일 양국이 구식의 사고방식에서 벗어나 '덜 못하기 경쟁' 대신 '더 잘하기 경쟁'을 펼쳐야 합니다."

후카가와 유키코 와세다대학교 정치경제학술원 교수는 최근 도쿄 와세다대학교 연구실에서 〈한국경제신문〉과의 인터뷰를 통해 이렇게 말했다. 후카가와 교수는 자타공인 일본 최고의 한국경제 전문가다. 1983년부터 40년 가까이 한국경제를 연구했다.

후카가와 교수의 말 한마디가 무게감을 갖는 건 책상머리에서의 연구 결과가 아니라 한국경제를 직접 체험하고 관찰한 결과물이기 때문이다. 그는 한국산업연구원(KIET)과 같은 국책연구소와 연세대학교, 고려대학교 등에서 연구원으로 근무했다. 지금도 매년 한국을 방문해 최신 상황을 업데이트한다. 그는 미국과 중국이라는 '슈퍼 파워'에 낀 한국과 일본이 라이벌 의식을 적절히 살리면서 상호보완적인 관계를 만들어나가는 게 중요하다고 인터뷰 내내 강조했다.

◎ 한·일관계가 악화한 이후 한국에서는 일본 의존도가 높은 소재·부품·장비를 국산화하자는 움직임이 활발해졌습니다.

'대일 무역적자는 악'이다. '한국은 일본에서 막대한 양의 소재와 부품을 수입하는데 일본은 한국 제품을 사지 않는다. 그러니 빨리 국산화해서 수입을 줄여야 한다'라는 발상은 지난 35년간 전혀 바뀌지 않고 있습니다. 한국의 1인당 국민소득이 얼마나 늘었는지 생각하면 정말 놀라운 일입니다.

◎ 한국에서는 여전히 대일 무역적자를 부정적으로 봅니다.

제가 직접 만나본 한국 기업인들의 생각은 전혀 달랐습니다. 기업은 글로벌 경쟁에서 살아남는 게 최우선이니 감정이 개입할 여지가 없습니다. 한국기업이나 일본기업 가릴 것 없이 세계에서 가장 좋은 '소부장(소재·부품·장비)'을 조달해 최고의 제품을 만들어야 살아남으니까요.

◎ 한국 정부가 지난 35년간 소부장 국산화 정책을 문재인 정부의 부동산 정책만큼이나 반복했다면서요.

대규모로 추진한 한국 정부의 소부장 국산화 정책만 18회였습니다. (국산화의 시발점인) 1986~1987년은 엔화 급등으로 경쟁국인 한국의 수출이 최고조였을 때입니다. 수출이 급증하니 설비투자를 대폭 늘려야 했고, 일본의 자본재수입이 불어날 수밖에 없던 때였습니다.

◎ 경제학의 비교우위론에 따라 일본이 강한 소재와 부품, 장비를 구입해 한국이 잘하는 완성품을 만드는 게 서로 이익이라는 말씀에 동의합니다. 하지만 일본의 반도체 핵심소재 수출규제 같은 돌발변수가 이러한 협력관계를 흔드는 요인으로 지적됩니다.

일본의 반도체 핵심소재 규제는 분명 좋은 생각이 아니었습니다. 하지만 한국도 국산화가 안정적인 공급을 보장하던 시대가 끝났다는 점을 알아야 합니다.

글로벌 공급망의 체계가 바뀌었기 때문에 공급망을 국산화해도 안전하다는
보장이 전혀 없습니다.

◑ 왜 그런가요?

보조금을 줘서라도 필요한 공급망을 모두 국산화했다고 가정해보죠. 삼성 같
은 대기업이라도 모든 공급망을 혼자서 다 관리할 수는 없으니 중소기업에 맡
기겠죠. 그런데 이 기업에 사고가 일어나거나, 전력 위기가 발생하거나, 북한
의 폭탄이 떨어지면 어떻게 되겠어요. 기업은 정부가 시키지 않아도 공급망 안
정을 위해 최선을 다하고 있습니다. 정치가 이를 방해해서는 안 됩니다.

**◑ 현재의 공급망은 기업이 치열한 고민 끝에 만들어낸 최선의 결과물이니 정
부가 나설 필요가 없다는 의미군요.**

정부는 시장에서 경쟁하는 플레이어가 아닙니다. 어떤 품목의 국산화가 필요
한지, 국산화를 시도했을 때 성공할 수 있는지 모르잖아요. 기업이 정부보다
훨씬 필사적으로 고민합니다. 시장의 메커니즘을 존중하는 게 중요합니다.

◑ 한국의 또 다른 과제는 뭘까요?

상당수 한국인은 25년도 지난 IMF 위기 당시의 사고방식을 고수합니다. '제
조업이 강해야 된다. 부동산만 살리면 경제는 소생한다. 수출만이 고부가가치
를 창출한다'라는 세 가지 통념을 신주단지 모시듯 합니다. 한국의 글로벌 기
업들은 점점 옛날 사고방식에서 벗어나는데 정부의 접근법은 IMF 때와 달라
진 게 없습니다.

◑ 한국과 일본경제의 강점과 약점은 뭐라고 생각하시나요?

일본은 한국보다 중장기적인 사업모델이 어울립니다. 속도는 느리지만 착실
하게 해 나가기만 하면 보상을 받는 기업문화를 가지고 있으니까요. 속도가 승

[그림 2-8] 장거리 경주에 강한 소재 부품에 주력하는 일본

일본	한국	세계시장
반도체	삼성전자 SK하이닉스	애플 등 전자회사
소재·부품·장비	반도체 제조	

구매   판매

출처: 저자 제공

부를 가르는 반도체에서 실패한 원인입니다. 한국은 반도체처럼 스피드와 집중력, 위기 관리력 등 순발력을 요구하는 산업에 강점이 있습니다.

◑ 한국인과 일본인은 기질이 반대여서 잘 조합하면 경쟁력을 강화할 수 있다고들 합니다.

수출규제 대상인 반도체 핵심소재들은 사실 연구개발 성과를 보상받는다는 보장이 전혀 없는 산업입니다. 시장이 워낙 작기 때문입니다. 대신 다양한 재료를 복잡하게 조합하기 때문에 수많은 시행착오를 거쳐야 합니다. 내일 당장 결과를 내야 하는 한국기업의 문화로는 절대 불가능한 사업이죠. 육상경기에 비유하면 일본은 마라톤, 한국은 단거리 경주에 나서는 게 이상적입니다. 아주 좋은 팀이 될 수 있습니다.

◑ 한·일 양국이 서로 약점을 보완하고 강점을 더 강하게 만들 수 있을까요?

반도체 분야에서 매우 이상적인 상호보완 관계가 됐잖습니까. 일본은 단거리 경주의 성격이 강한 D램 반도체를 포기한 대신 마라톤에 가까운 소재·부품·장비에 주력하죠. 한국은 단거리 경주인 반도체를 하고요([그림 2-8]).

◯ **한·일 양국이 상호보완, 상호의존 관계를 맺을 수 있는 분야가 또 있을까요?**

한국에서 국산화를 가장 강조한 분야가 자동차 부품 산업입니다. 실제로 일본을 많이 따라잡았고요. 하지만 자동차 부품 시장에서도 시장 원리가 작동합니다. 국산화보다 수입이 더 유리할 때가 반드시 있습니다. 한국 자동차 업체가 일본산 부품을, 일본 자동차업체가 한국산 부품을 많이 사는 이유입니다. 이런 시장에서는 '한국에 졌다, 이겼다' 하는 사고방식 자체가 무의미합니다.

◯ **반일, 혐한 감정이 두 나라의 발전적인 관계를 막는 요인으로 지적됩니다.**

일본의 혐한 세력은 대부분 나이 먹은 남자들이죠. 일본이 전성기였던 자신들의 젊은 시절과 오늘날 한·일 간의 지위 변화를 받아들이지 못하는 겁니다. 반대로 한국인들은 한국이 이미 일본을 이겼다고 생각하고, 일본의 IT 후진성 등을 깔봅니다. 이러니 서로 부딪칠 수밖에요. 하지만 기업인들은 혐한, 반일을 따질 처지가 아니에요. 글로벌 경쟁에서 어떻게 살아남을지 고민하기도 벅차죠([그림 2-9]).

[그림 2-9] **세계 주요 지표 내 한·일 간 순위**

	한국	일본
국가경쟁력	23위	31위
전자정부	2위	14위
디지털 기술력	8위	27위
지속가능한 발전 달성도	27위	19위
남녀평등지수	102위	120위

출처: 세계경제포럼, 스위스 IMD, UN 등

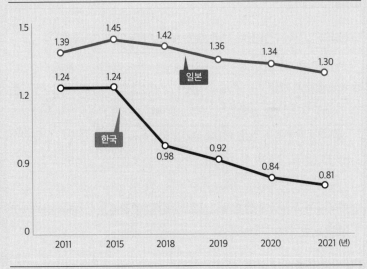

[그림 2-10] 한·일 출산율 변화 추이　　　　　　　　　　　　　(단위: 명)

출처: 한국 통계청, 일본 통계청

● 양국의 라이벌 의식을 어떻게 발전시키면 좋을까요?

일본에서도 '한국 덕분에 꼴찌는 면해서 다행이다'라는 풍토가 있습니다. 일본의 출산율은 1.30명으로 위기지만 한국이 0.81명이어서 안도하는 거죠. 반대로 남녀평등지수 99위인 한국은 116위의 일본을 앞섰다고 기뻐합니다(2022년 기준). 누가 더 나은지 따지는 게 의미가 없을 정도로 비참한 수준인데도요. '누가 덜 못하나'가 아니라 '누가 더 잘하나'를 겨뤄야 합니다([그림 2-10]).

● 어떤 분야에서 그런 경쟁이 가능할까요?

남녀평등, 취업률, 노인복지, 행정 효율 등 더 잘하기 경쟁을 할 분야는 엄청 많습니다. 양국 모두 없애야 하는 걸 알면서도 기득권의 저항 때문에 없어지 못하는 규제가 잔뜩 있잖아요. 두 나라의 라이벌 의식을 활용해야죠. 한 나라가 규제 완화를 적극적으로 실시해서 성과가 나오면 나머지 나라도 반드시 따라 할 겁니다. 이게 바로 한·일 양국이 탈꼴찌 경쟁이 아니라 1등 경쟁을 하는 겁니다.

◑ 한국과 일본이 힘을 합쳐 세계 1위를 목표로 하는 일도 가능할까요?

'한·일 모델'을 만들어나가야죠. 인간답게 살기 좋은 사회를 만들어나가는 건 양국의 공통 과제입니다. 이 분야에서 누가 더 잘하는지 경쟁해야 합니다. 환경 분야에서 에너지 효율을 높이는 경쟁, 탈석탄 사회를 실현하면서 강한 제조업 경쟁력을 유지하는 경쟁, 개발도상국을 원조하는 경쟁 등 양국이 힘을 합칠 일은 가득합니다.

◑ 미국과 중국 사이에 낀 한국과 일본이 블록경제권을 형성해서 대응하자고 주장하는데요. 어떤 구상인가요?

미국과 중국의 경제는 독자적으로 생존할 수 있는 규모입니다. EU도 독자적인 블록을 형성하고 있지요. 또 하나는 소위 '미들 파워급'의 나라들입니다. 한국과 일본, 유럽에서 떨어져 나온 영국, 칠레, 페루, 호주, 뉴질랜드 등 자원대국 등이 포함됩니다. 이 나라들은 독자적으로는 미국, 중국과 경쟁이 안 됩니다. 대신 이 그룹과 EU가 힘을 합치면 미국과 중국을 견제할 수 있죠([그림 2-11]).

[그림 2-11] 블록경제권 구상

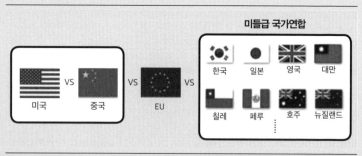

출처: 저자 제공

[그림 2-12] 일본의 경제연합 구성

	TPP	EU	TPP+EU			미국
GDP	11.7조 달러 (12%)	17.1조 달러 (18%)	28.8조 달러 (30%)	>	GDP	23조 달러 (24%)

*괄호 안은 세계 경제에서 차지하는 비중
출처: 저자 제공

◯ 환태평양경제동반자협정(TPP)과 EU가 힘을 합치는 구도가 되는 건가요?

EU와 TPP의 연합도 대안이 될 수 있습니다. EU와 TPP, 영국을 합친 경제 규모는 미국과 중국을 넘어서니까요([그림 2-12]).

◯ 블록경제권으로 미국, 중국 등 세계 양대 파워에 대응하는 게 정말 가능한가요?

한국은 일본과 다툴 때가 아니죠. 미국과 중국이 계속해서 싸우면 가장 곤란한 나라가 한국이잖아요. 하지만 한국 혼자서 미·중의 다툼을 멈추게 할 수 있나요. 일본도, 영국도 혼자서는 못합니다. 그래서 힘을 합쳐야 한다는 겁니다.

◯ 한국과 일본, 대만 등 동아시아 국가들끼리의 블록경제권도 가능한가요?

세 나라는 이미 실질적인 블록경제권을 형성하고 있죠. 한류 드라마의 세계 최대 시장은 일본이잖아요. 일본 TV를 보세요. 일본 방송사들이 낮 시간대에 내보낼 프로그램이 마땅찮으니 줄곧 한류 드라마를 방영하잖아요.

PART 3

지나간 옛 노래가 된
'재팬 넘버원'

기업과 산업

01

___

세상에서 제일 쓸 데 있는
일본 걱정

'세상에서 제일 쓸데없는 걱정이 연예인과 일본 걱정.'

일본이 위기라는 기사에 어김없이 따라붙는 인터넷 댓글이다. 세계 최대 규모의 해외자산으로부터 매년 20조 엔의 이자와 배당 수입을 벌어들이고 이를 통해 매년 20조 엔 가까운 경상흑자를 내는 나라를 왜 걱정하냐는 것이다.

하지만 최근 일본이 겪는 문제는 과거와 결이 다르다는 게 전문가들의 진단이다. 무엇보다 일본과 산업구조가 비슷한 한국은 5~10년 주기로 같은 고민을 겪는 경우가 많다. 일본의 선례를 착실히 연구해두는 것은 한국을 위해서도 중요하다. 일본 내부에서도 '이번은 다르다'라는 우려가 나오는 건 경상수지 흑자 구도가 흔들리고 있기 때문이다.

[그림 3-1] 경상수지와 국제수지

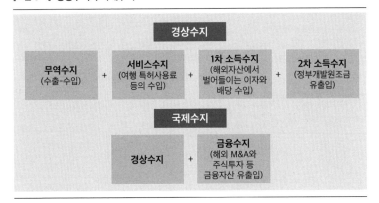

저무는 '쌍끌이 흑자' 시대

경상수지란 무역수지와 서비스수지, 1~2차 소득수지를 더한 수치다. 무역이나 투자 등 외국과의 경제거래 내용을 기록한 한 나라의 가계부다. '막대한 해외자산으로 매년 이자와 배당 수입을 올리기 때문에 일본은 걱정 없다'라는 항목이 1차 소득수지(한국의 본원소득수지에 해당)다. 일본의 경상수지 구조를 뜯어보면 최근의 엔화 급락과 무역수지 적자가 왜 걱정거리인지 파악할 수 있다([그림 3-1]).

1996년 이후 일본의 경상수지와 이를 구성하는 무역·서비스수지와 1차 소득수지 추이를 보자. 2000년대 일본은 무역·서비스수지와 1차 소득수지가 각각 10조 엔씩 쌍끌이 흑자를 기록했

[그림 3-2] **일본의 경상수지, 무역·서비스 수지, 1차 소득수지 추이**

(단위: 억 엔)

	경상수지	무역·서비스 수지	1차 소득수지
2010	19조 3,828	6조 8,571	13조 6,173
2011	10조 4,013	-3조 1,101	14조 6,210
2012	4조 7,640	-8조 829	13조 9,914
2013	4조 4,566	-12조 2,521	17조 6,978
2014	3조 9,215	-13조 4,988	19조 4,148
2015	16조 5,194	-2조 8,169	21조 3,032
2016	21조 3,910	4조 3,888	19조 1,478
2017	22조 7,779	4조 2,206	20조 6,843
2018	19조 5,047	1,052	21조 4,026
2019	19조 2,513	-9,318	21조 5,531
2020	15조 6,739	-8,773	19조 1,209
2021	15조 4,877	-2조 5,615	20조 4,781

출처: 일본 재무성

다. 덕분에 연간 경상흑자 규모가 20조 엔에 달했다. 2007년 경상흑자는 25조 엔까지 늘었고, 글로벌 금융위기가 터진 직후인 2009년에도 14조 엔 흑자였다.

2010년 이후 이 구도가 크게 변한다. 무역·서비스수지 흑자 규모가 급격히 줄다 못해 적자를 내는 해가 늘었다. 2011년 동일본 대지진으로 경기침체에 빠진 2012~2014년은 무역·서비스 수지가 10조 엔 안팎의 적자를 냈다. 이 때문에 경상흑자 규모가 4조 엔 안팎으로 줄어들었다.

2016년 경상흑자가 다시 20조 엔 수준을 회복한 것은 1차 소

[그림 3-3] 1년 새 4배 불어난 2022년 1월 무역·서비스 적자 규모

	2020년	2021년 11월	2021년 12월	2022년 1월
무역·서비스 수지	-7,250억 엔 (2,068억 엔)	-6,454억 엔 (-1조 882억 엔)	-6,400억 엔 (-1조 2,922억 엔)	-2조 3,422억 엔 (-1조 7,642억 엔)
1차 소득수지	19조 1,532억 엔 (-2조 3,592억 엔)	1조 7,907 (1조 4,011억 엔)	3,988억 엔 (-1,746억 엔)	1조 2,890억 엔 (-131억 엔)
경상수지	15조 7,790억 엔 (-3조 3,317억 엔)	8,973억 엔 (-8,350억 엔)	-3,708억 엔 (-1조 4,874억 엔)	-1조 1,887억 엔 (-1조 6,950억 엔)

*괄호 안은 전년 같은 기간 대비 증감
출처: 일본 재무성

득수지가 매년 20조 엔 가까이 흑자를 낸 덕분이다. 결론적으로 2020년대 들어 일본경제는 수출로 벌어들이는 이익의 부진을 해외자산의 이자와 배당 소득으로 만회하는 구조로 바뀌었다([그림 3-2]).

무역흑자와 해외자산의 이자·배당이라는 2개의 기둥 가운데 무역흑자의 기둥이 무너지고 해외자산의 이자·배당이라는 한 개의 기둥만 남은 셈이다. 2021년에도 무역수지는 5조 3,748억 엔 적자였다. 2014년(6조 6,389억 엔 적자) 이후 7년 만에 가장 큰 폭의 적자다. 해외자산의 이자·배당 수입 덕분에 유지되던 경상흑자마저도 최근엔 바뀌었다. 2021년 12월부터 일본의 경상수지는 2개월째 적자를 냈다. 특히 1월 경상적자는 1조 1,887억 엔으로 역대 두 번째 규모였다.

마지막 남은 기둥이던 1차 소득수지가 줄어서가 아니다. 1월 1차 소득수지는 1조 2,890억 엔 흑자로 1년 전과 거의 같은 수준이었다. 문제는 2조 3,422억 엔에 달하는 무역·서비스 적자였다. 1월 무역·서비스 적자 규모는 2조 3,422억 엔으로 1년 새 4배 불었다([그림 3-3]). 3월까지 무역수지는 8개월 연속 적자를 이어갔다. 무역적자가 너무 커지다 보니 해외자산에서 벌어들이는 이자와 배당수입으로 만회가 안 되는 것이다.

깨져버린 '엔저=일본에 이익' 공식

일본을 더욱 휘청이게 만든 게 20년 만의 최저치인 엔화 급락이다. 원자재 가격 급등으로 고통을 받는 건 다른 나라도 마찬가지다. 하지만 원유와 같은 원자재 수입 의존도가 매우 높은 일본은 엔화 약세로 충격이 배가 된다. 원자재를 수입할 때는 달러로 결제한다. 엔화 가치가 떨어질수록 원유 1배럴을 살 때 필요한 엔화가 더 많이 필요하다. 엔화 약세가 무역수지 적자를 늘리는 이유다.

2000년대까지 일본의 경상흑자를 이끌던 무역수지가 2010년 이후 경상적자의 원인이 된 건 일본기업들이 생산 거점과 연구 시설을 대거 해외로 옮겼기 때문이다. 일본기업이 해외 거점에서 생산·판매한 제품은 일본의 수출로 잡히지 않는다. 국내 생산이 줄어든 만큼 수출이 줄고 무역수지 규모도 크게 감소했다.

OECD에 따르면 1995년까지만 해도 일본의 전체 수출 가운데 자국 내에서 생산한 부가가치 비중이 94%였다. 2018년 이 수치는 83%로 떨어졌다. 같은 기간 미국은 비슷한 수준을 유지했다.

미국의 대기업들도 멕시코와 같이 인건비가 저렴한 나라로 생산 거점을 대거 옮겼다. 대신 미국은 소프트웨어와 클라우드 등 고부가가치 상품을 자국에서 제조해 해외 고객에게 판매했다. 미국에서 생산한 부가가치 비중이 예전 수준을 유지한 비결이다.

일본에서 생산한 부가가치 비중이 10여 년 사이 10%포인트 이상 떨어졌다는 건 자국 내 산업이 경쟁력을 발휘하지 못했다는 의미다. 고노 류타로 BNP파리바증권 수석 이코노미스트는 "일본에는 (글로벌 경쟁력이 없어서) 생존이 가능한 기업만 남았기 때문에 제조업 전체의 생산성이 떨어졌다"라고 설명했다.

과거 일본은 엔화 가치가 떨어지면 수출이 늘어난다고 좋아했다. 이제는 반대로 원유나 원재료 수입값이 급등한다며 울상을 짓는다. 국가 경제의 체질이 완전히 바뀐 것이다. 2022년은 일본이 1980년 이후 42년 만에 연간 기준으로 경상적자를 낼 것이라는 전망까지 나온다. 〈니혼게이자이신문〉은 자체 결과를 토대로 2022년 달러당 엔화 환율이 120엔, 국제유가가 배럴당 110달러를 유지하면 9조 8,000억 엔의 경상적자가 발생할 것으로 예상했다. 아오키 다이주 UBS증권 최고투자책임자(CIO)는 "일본이 앞으

[그림 3-4] 일본 경상수지 적자 시나리오

달러당 엔 환율	유가 (배럴당) 90달러	110달러	130달러	150달러
110엔	-5.0조 엔	-11.1조 엔	-17.1조 엔	-23.1조 엔
120엔	-3.3조 엔	-9.8조 엔	-16.4조 엔	-22.9조 엔
130엔	-1.6조 엔	-8.6조 엔	-15.6조 엔	-22.6조 엔
140엔	0.1조 엔	-7.4조 엔	-14.9조 엔	-22.4조 엔
150엔	1.8조 엔	-6.2조 엔	-14.2조 엔	-22.1조 엔

출처: 〈니혼게이자이신문〉

로 10년 이내에 만성 경상적자 국가가 될 것"이라고 내다봤다([그림 3-4]).

경상적자가 이어지면 수십 년간 쌓아올린 대외자산이 줄어든다. 2020년 말 일본의 순대외자산은 356조 9,700억 엔으로 30년 연속 세계 1위였다. 하지만 2019년보다 약 50조 엔 감소했다. 한때 2배 이상 벌어졌던 독일과 차이는 24조 엔까지 줄었다. 2021년에는 독일이 일본을 역전할 것이란 전망이 나오기도 했다.

일본의 자랑인 세계 1위 규모의 대외자산이 흔들리는 것이다. 2008년 글로벌 금융위기, 2011년 동일본대지진 등 위기 때마다 엔화는 가치가 치솟는 안전자산이었다. 엔화가 국제금융시장에서 안전자산으로 대접받는 이유가 30년째 세계 최대인 대외자산이었다.

2022년 5월 일본 재무성은 2021년 일본의 대외순자산이 411

조 1,841억 엔으로 전년 동기 대비 15.8% 증가했다고 발표했다. 2년 만에 대외자산이 증가세로 돌아서면서 처음 400조 엔을 넘어섰다. 2위 독일(315조 7,207억 엔)과 격차도 다시 100조 엔 가까이 벌어졌다. 이로써 일본은 31년째 세계 최대 대외 순자산 보유국의 지위를 유지했다. 3위는 홍콩(242조 7,482억 엔), 4위는 중국(226조 5,134억 엔)이었다.

'역시 일본은 끄떡없네'라고 생각할 수도 있지만 일본의 대외자산 증가는 엔저로 인한 착시효과라는 분석이다. 2021년 말 달러당 엔화 가치는 115.12엔으로 1년 동안 10엔 이상 떨어졌다. 엔저로 인한 평가이익은 81조 8,000억 엔에 달했다. 2021년 대외자산 증가 규모는 54조 2,141억 엔이었으니 엔저로 인한 평가이익 부분을 빼면 일본의 대외자산은 2년 연속 감소했다고 추정할 수 있다. 일본은 해외자산의 70% 이상을 외화로 보유하고 있어서 엔화 가치가 떨어질수록 보유금액이 늘어나 보인다.

일본 개인투자자의 해외 주식투자와 일본기업의 해외 M&A가 각각 578조 엔, 229조 엔으로 사상 최대치를 기록한 것도 대외자산이 불어난 요인이었다.

02

월급쟁이가 건물주를 걱정하는
또 다른 이유

'월급쟁이 한국이 건물주 일본을 왜 걱정하나.'

일본이 위기라면 어김없이 나오는 또 하나의 반응이다. 400조 엔이 넘는 해외자산에서 이자와 배당만으로 매년 20조 엔을 벌어들이는 일본을 건물주, 땀 흘려 만든 제품을 매달 해외에 팔아서 벌어들이는 무역수지에 울고 웃는 한국은 월급쟁이에 비유했다.

흥미롭고 적절한 비유다. 그런데 월급쟁이는 건물주를 걱정하면 안 되나? 대기업 다니는 월급쟁이가 어마어마한 빌딩을 갖고는 있지만 유지·보수료를 감당하는 데 허덕이는 건물주를 걱정할 수 있는 것 아닌가.

2010년 이전까지 일본이 '넘사벽(넘을 수 없는 사차원의 벽)' 경제대국이었던 건 초일류 대기업에 다니는 건물주였기 때문이다. 많을 때는 연간 10조 엔이 넘는 무역흑자(급여소득)를 내는 것도 모자라 매년 20조 엔씩을 이자와 배당(건물 임대료)으로 버는 나라가 일본이었다. 무역흑자와 이자·배당 소득으로 매년 20조 엔씩을 버니 400조 엔에 달하는 대외자산, 즉 건물을 세계 최대 규모로 늘릴 수 있었다. 하지만 상황이 변했다.

무역흑자와 이자·배당 수입이라는 일본경제의 2가지 기둥 가운데 무역흑자가 무너졌다. 대기업 다니던 건물주였던 일본이 대기업에서는 정리해고가 된 셈이다. 회사에서 잘려서 월급이 0이 되기만 한 게 아니라 월급 믿고 쓴 마이너스 통장과 할부금(무역적자) 지출이 만만치 않은 상황에 비유할 수 있다.

어느 정도냐 하면 매월 갚아야 할 마이너스 통장과 할부금(무역적자)이 임대료(배당·이자소득)를 넘어서는 상황이다. 경상적자, 즉 임대료로 할부금을 갚지 못하는 상황이 이어지면 어떻게 해야 할까. 건물을 팔 수밖에 없다. 일본의 자랑인 31년째 세계 1위 규모의 대외자산이 흔들리는 것이다.

10년 새 확 늙은 일본경제

일본경제도 국제수지 발전 단계설의 숙명을 피하지 못한다는 의미이기도 하다. 국제수지 발전 단계설은 국제수지와 대외자산 구조의 변화로 국가의 흥망성쇠를 단계별로 설명하는 이론이다.

경상수지와 이를 구성하는 무역수지(급여소득), 해외자산으로부터 벌어들이는 이자·배당 소득수지(건물 임대료)의 3개 항목이 각각 흑자인지 적자인지에 따라 국가의 성장 단계를 다음과 같이 6가지로 분류한다.

① 미성숙 채무국은 산업 발전을 막 시작한 나라다. 산업을 발전시키려면 원자재를 수입하고, 해외에서 자금을 차입해야 한다. 따라서 무역수지는 물론 이자를 지급하느라 소득수지까지 모두 적자가 된다.

② 성숙 채무국은 산업이 발전하고 수출경쟁력이 향상돼 무역수지가 흑자로 전환한 단계다. 다만 경상수지는 적자가 계속되는 상태다. 막대한 해외 차입에 따른 이자 지불금액(소득수지 적자)이 무역흑자를 웃돌기 때문이다.

③ 채무 변제국은 산업이 한층 성장해 무역흑자가 소득수지 적자를 웃도는 단계다. 경상수지가 흑자로 돌아서면서 대외채무 상환이 가능해진다. 자본수출국이 되는 것이다.

④ 미성숙 채권국은 무역수지가 정체 상태에 접어들지만 늘어난 대외자산 덕분에 소득수지가 흑자로 전환하는 단계다. 무역수지와 서비스수지가 '쌍끌이 흑자'를 나타내는 시기다.

⑤ 성숙 채권국은 산업의 국제경쟁력이 떨어져 무역수지가 적자로 돌아서지만 대외자산이 더욱 늘면서 소득수지 흑자도 확대되는 단계다. 경상흑자가 유지되는 한편 대외자산도 계

속 늘어나는 상태다.

⑥ 채권 소진국은 무역적자 규모가 소득수지 흑자 규모를 웃돌아 경상수지가 적자로 돌아서는 단계다. 쌓아뒀던 대외자산을 헐어 쓰는 단계이기 때문에 대외자산도 감소하게 된다.

무역수지와 소득수지가 쌍끌이 흑자를 기록하던 2010년까지 일본은 미성숙 채권국이었다. 무역수지가 적자로 돌아선 2010년부터 코로나19 이전까지 일본은 성숙 채권국으로 변했다. 해외에서 벌어들이는 이자와 배당으로 무역적자를 메워 경상흑자를 유지하는 국가가 됐다. 코로나19 확산 이후 일본은 엔화 가치 급락에 따른 무역적자 확대로 채권 소진국의 경계에 들어섰다. 불과 10여 년 남짓한 기간 동안 나라 경제가 발전 단계설의 두 단계를 건너뛰며 급격히 늙어버린 것이다.

산업구조를 신속하게 전환하지 않으면 노화가 계속될 수밖에 없다는 게 일본의 고민이다. 일본이 부러워하는 나라가 일본과 같은 제조강국 독일이다. 독일은 브랜드 가치가 높은 고급차와 고부가가치 제조업을 끌어안았다. 동독과 통일하면서 풍부한 노동력도 확보했다. 가라카마 다이스케 미즈호은행 수석시장 이코노미스트는 "독일 국내에 주력 제조업의 생산 설비가 남아 있는 덕분에 국가의 젊음을 상징하는 무역 흑자국의 간판을 굳건히 유지하고 있다"라고 분석했다.

일본은 부가가치와 노동생산성을 높이는 대신 아베노믹스의 엔저 유도를 통해 기업의 실적을 인위적으로 끌어올렸다. 하지만 엔저로도 생산연령이 1995년을 정점으로 급격히 감소하는 것을 막을 수는 없었다. 기업들은 생산 거점을 해외로 옮겼고, 현지에서 벌어들인 수익을 일본으로 갖고 들어오지 않는다. 산업 경쟁력이 떨어진 일본이 외부 환경이 나빠지면 곧바로 무역 적자국이 되는 허약체질이 된 것이다. 건물주를 걱정하는 이유다. 국제수지 발전 단계설에 따르면 한국도 언젠가 건물주가 된다. 월급쟁이 주제에 건물주를 걱정하는 또 다른 이유다.

03

일본의
'잃어버린 50년'이 온다

일본 국민의 대다수는 2021년을 '일본 부활의 해'로 믿었다. 쓰루미 슌스케와 같은 저명 사회학자들이 주창한 '일본 근대사 15년 주기설'이 근거였다. 군국주의(1931~1945년), 전후 민주주의(1946~1960년), 고도성장기(1961~1975년), 저성장기(1976~1990년), 잃어버린 시기(1991~2005년), 재생모색기(2006~2020년) 등 근대 일본이 15년마다 대전환기를 맞았다는 가설이다.

일본의 국력이 25년마다 성쇠를 반복한다는 '25년 단위설'도 있다. 15년 주기설과 25년 단위설의 공통점은 2020년이 일본 쇠퇴기의 마지막 해라는 점이다. 2021년부터 일본이 본격적으로 일어서리라고 믿은 일본인이 많았던 이유다.

다 빗나간 15년·25년 주기설

2019년 일본의 명목 GDP가 558조 4,912억 엔으로 거품경제 시대를 뛰어넘으면서 적어도 경제 분야에서는 일본이 하염없는 추락을 멈출 것이라는 기대가 컸다. 하지만 부활의 싹은 2021년이 오기도 전에 코로나19에 의해 잘리고 말았다. 코로나19의 충격이 가장 컸던 2020년 2분기 일본의 GDP(연율 환산)는 512조 4,616억 엔으로 반년 만에 46조 엔 증발했다. 확산 2년을 맞은 2022년 1분기 일본의 GDP(542조 엔) 역시 코로나19 이전인 2019년 수준을 회복하지 못하고 있다.

2021년이 일본의 해가 아니라는 점이 명백해지면서 새롭게 주목받는 국력의 순환주기가 '40년 주기설'이다. 〈니혼게이자이신문〉 논설주간을 지낸 작가 미즈키 요가 주장한 가설이다. 러일전쟁 승리(1905년), 제2차 세계대전 패배(1945년), 플라자 합의(G5의 재무장관들이 외환시장 개입에 의한 달러화 강세를 시정하도록 결의한 조치) 이전까지의 고도성장기(1985년)까지 일본의 국력이 40년마다 부침을 거듭한다는 이론이다. 이에 따르면 2025년 일본은 1985년 이후 40년간 이어진 내리막길을 끝내고 세 번째 상승기를 맞는다.

믿었던 2021년에도 침체가 이어지자 일본에서는 코로나19로 노출된 약점을 개선하는 구조개혁 없이 국력의 상승기가 오지 않는다는 인식이 확산하고 있다. 이 가운데 기술력 강화는 경제대국 일본이 부활하기 위한 첫 번째 조건으로 꼽힌다.

일본은 소재, 부품, 장비 등 기초 제조기술 분야에서 독일과 함께 세계 최고의 경쟁력을 자랑한다. 일본인 의식조사에서 유일하게 경제력만은 '일본이 강하다(2021년 기준 58%)'라고 믿는 이유기도 하다. 하지만 2007년 16개로 세계 1위였던 일본의 기술올림픽 국제대회 금메달 수는 2019년 두 개로 줄었다.

무엇보다 세계적 흐름인 탈석탄·디지털 시대에 일본 내부에서도 자국의 제조기술이 계속 통할 것인지 우려의 목소리가 높다. IT산업 등 소프트웨어가 하드웨어보다 우위에 설 가능성이 큰 시대에 일본이 유연하게 변신할 수 있겠느냐는 얘기다.

미국은 차세대 기술의 플랫폼, EU는 표준규정 제정 등 큰 틀의 주도권을 잡고자 치열하게 경쟁하는 반면 일본은 한국, 중국과의 하드웨어 경쟁에만 신경 쓰고 있다는 지적도 나온다. 다나카 미치아키 릿쿄대학교 비즈니스스쿨 교수는 "전기차시장만 하더라도 미국은 플랫폼과 OS(기본 소프트) 등 생태계를 지배하려는 전략을 세우지만 일본 자동차업체는 '몇 년까지 전기차를 몇 종 생산한다'라는 단계에 머물러 있다"라고 지적했다.

20년 더 걸리는 일본의 새 시대 전환

2013년 보스턴컨설팅그룹이 선정한 '세계 50대 혁신기업'에 일본기업은 도요타(5위)부터 소니(11위), 혼다(18위), 소프트뱅크그룹(27위), 패스트리테일링(33위), 닛산자동차(38위)까지 6개 기업이 이름을 올렸다. 2020년 50대 혁신기업에 포함된 일본기업은 소니(9위), 히타치(29위), 도요타(41위) 3개뿐이었다.

상장사의 혁신성을 나타내는 지표 가운데 하나로 주식시장 매매대금을 시가총액으로 나눈 'M&A 회전율'이 사용된다. 상장사 주식이 1회전 하는 데 걸리는 시간이 미국은 34년, 독일은 69년인데 비해 일본은 99년이었다. 일본 상장기업의 혁신성이 그만큼 더디다는 의미다.

차세대 산업 분야에서도 일본의 부진은 두드러진다. 골드만삭스와 경제산업성에 따르면 일본의 연간 전기차 배터리 생산능력은 2020년 22기가와트(GW)에서 2025년 39GW로 2배 늘어난다. 같은 기간 47GW와 192GW였던 미국과 중국의 생산능력은 205GW와 754GW로 증가한다. 2025년이면 쇠퇴기가 끝날 것이라는 기대와 반대로 일본이 '잃어버린 50년'의 초장기침체를 앞두고 있다는 분석도 있다. 일본이 근대화를 시작한 메이지유신(1868년)으로부터 1889년 헌법을 공포해 국가의 형태를 갖추기까지 20여 년이 걸렸다는 점에서 착안한 가설이다. 코로나19를 계기로 일본이 새 시대로 전환하는 데도 20년이 걸린다는 것이다. 도쿄대학교 대학원 요시미 순야 교수는 "현재 일본의 제도와 조직은 근본적으로 문제가 있어서 '잃어버린 30년'이 아직 20년 더 남았을 수도 있다"라고 주장한다.

04
_____

일본인들은 왜 1엔만 비싸도
떨게 됐을까

일본 최대 100엔숍 브랜드인 다이소는 세계 각지에 진출해 있다.
판매가격이 일률적으로 100엔(일본 소비세 인상으로 현재 가격은 110엔)
이어서 100엔숍이지만 다른 나라들의 사정은 사뭇 다르다.

미국 다이소의 가격은 1.5달러(약 165엔)다. 중국은 10위안(약 170
엔), 베트남 4만동(약 193엔), 타이 60바트(약 200엔) 등 모두 100엔을
훌쩍 넘는다. 100엔이 안 되는 나라는 한국이 유일하다. 한국 다
이소의 균일가 1,000원을 엔화로 환산하면 94엔이다.

고급 참치·대게 못 먹는 시대

세계의 물가 수준을 비교할 때 쓰이는 맥도날드 햄버거 빅맥의
가격만 보더라도 일본의 물가는 두드러지게 낮다. [그림 3-5]를

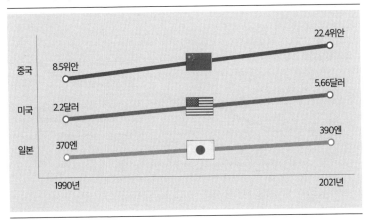

[그림 3-5] 중국, 미국, 일본의 빅맥 가격 변화

출처: WBS

보면 1990년 370엔이었던 일본의 빅맥 가격은 2021년 390엔이다. 30년 동안 거의 오르지 않았다. 반면 지난 30년 동안 미국의 빅맥 가격은 2.2달러에서 5.66달러로 2.5배, 중국은 8.5위안에서 22.4위안으로 2.6배 올랐다.

일본 민영방송사 TV도쿄에 따르면 일본 샐러리맨의 점심값은 평균 649엔이다. 뉴욕의 평균 15달러, 상하이 평균 60위안의 절반 수준이다. 세계 3위 경제대국 일본이 부쩍 가난해졌다. OECD에 따르면 1997년을 100으로 했을 때 2021년 말 일본의 급여 수준은 90.3까지 떨어졌다. 한국은 158, 미국과 영국은 각각 122와 130이었다. 한국인의 급여가 23년 동안 58% 늘어나는 동안 일본은 반대로 10% 줄었다[그림 3-6].

월급이 줄자 일본이 자랑하는 식도락 문화도 움츠러들고 있

[그림 3-6] 일본과 주요국의 30년간 평균 급여 추이

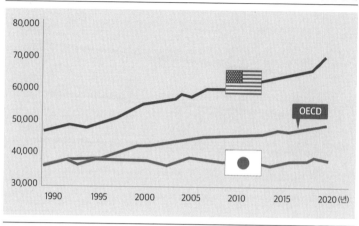

(단위: 달러)

출처: OECD

다. 참치를 최고 횟감으로 치는 일본인은 세계에서 잡히는 참치의 25%를 소비한다. 하지만 최근 최고급 참치는 대부분 중국과 동남아 국가들의 몫이다. 일본 수산업체들이 최고급 참치 경매에서 번번이 패하기 때문이다. 고급 식재료를 수입하는 일본 식품업체 마루하니치로의 전체 수입량은 9년 새 60% 감소했다. 이케미 마사루 마루하니치로 사장은 "10년 전만 해도 일본 식품업체들이 고급 식료품 경매에서 중국 등 신흥국에 지면 화제가 됐지만, 이제는 일상다반사"라고 〈니혼게이자이신문〉과 인터뷰에서 말했다.

일본 식품업체들이 경매에서 밀리는 건 식재료를 고가에 되사줄 일본의 외식업체가 별로 없어서다. 30년째 소득 수준이 제자

리이다 보니 일본의 외식업체들은 손님이 줄어드는 것을 우려해 판매 가격을 올리지 못한다. 대신 도매업체에는 매입 가격을 한 푼이라도 더 깎으려 들 수밖에 없다. 공급 가격은 뛰는데 매입 가격을 올릴 수 없으니 경매에서 이길 수가 없다.

세계적으로 수요가 늘어난 대게의 가격은 10년 새 2.5배 올랐다. 대다수 일본인에게는 그림의 떡이 됐다. 진짜 좋은 참치와 대게는 소득 수준이 높아져서 2.5배를 더 주고도 기꺼이 사먹겠다는 중국과 동남아로 팔려나간다. 가격이 저렴한 대신 질도 그만큼 떨어지는 식재료들이 일본인들의 차지다. 일본의 유통 전문가들이 "일본인들이 더는 고급 참치나 대게를 못 먹게 됐다"라고 한숨 쉬는 이유다.

'가난한 일본'을 배려하는 글로벌 서비스

월급이 안 오르니 일본인들은 1엔이라도 싼 제품을 찾는다. 기업들은 1엔이라도 판매 가격을 낮추는 데 사활을 건다. 1엔에 목숨을 거는 일본 소비시장을 단적으로 보여주는 사례가 100엔숍의 성장이다. 100엔숍은 요즘 일본에서 오프라인 시장으로는 유일하게 성장하는 곳이다.

일본에는 다이소뿐 아니라 세리아, 캔두, 왓츠까지 4개 회사가 치열한 점유율 싸움을 벌이고 있다. 여기에 성장 정체를 벗어나려는 대형 유통회사까지 100엔숍에 새로 진출하고 있다. 일본 물가가 30년 동안 오르지 않는 동안 다른 나라의 물가는 꾸준히 오른 결과 일본의 상대적 빈곤감은 더욱 커지고 있다. 일본을 찾는 외국인들은 "'살인적인 일본 물가'는 옛말이 된 지 오래"라고 입을 모은다.

애플의 최신형 아이폰 가격은 일본인 평균 월급의 45%다. 반면 미국인은 월급의 25%라면 구입할 수 있다. 2009년에는 일본인도 월급의 20%면 아이폰을 살 수 있었다. '가난한 일본인'을 배려해주는 글로벌 서비스도 나타난다. 엔화로 환산한 미국과 영국의 아마존닷컴 프라임회원 연회비는 각각 1만 3,000엔과 1만 2,000엔으로 일본(4,900엔)의 2배를 넘는다. 최근 경제지 등에 자주 등장하는 '이중 가격'이라는 표현도 일본과 해외의 소비 격차를 여실히 드러낸다. 이중 가격은 외국인과 내국인인 일본인이 서로 다른 가격대에서 소비하는 현상을 말한다.

일본 최고급 호텔인 오쿠라가 2019년 개관한 헤리티지룸은 1박에 7만 엔을 넘는다. 그런데도 코로나19 이전까지 외국인 관광객으로 항상 만실이었다. 선진국 수도의 최고급 호텔 스위트룸 가격치고는 싸다고 느끼는 외국인이 많았기 때문이다. 반대로 하룻밤에 5,000엔 안팎인 비즈니스호텔은 일본인들의 차지다. 30대 일본인 남성은 "출장은 물론 가족여행도 가격이 저렴한 비즈니스호텔을 주로 이용한다"라고 말했다.

오르지 않는 물가는 국가 경쟁력을 갉아먹는 데까지 이르렀다. 지금 일본 애니메이션 업계에서는 세계적으로 인정받는 일본 작품이 더는 나오기 어려울 것이라는 위기감이 커지고 있다. 애니메이션 인재들이 중국으로 빠져나가고 있기 때문이다.

일본에니메이터·연출협회에 따르면 일본 애니메이터의 54.7%는 1년에 400만 엔도 못 번다. 민간기업 평균인 436만 엔을 크게 밑돈다. 그나마 협회에 가입한 대형 및 중견 제작사 소속 애니메이터들의 통계다. 협회에 가입하지 않은 중소·영세 제작사 소속 애니메이터의 처우는 더 비참하다. 중국의 애니메이션 제작사들은 월급을 50만 엔 이상 제시하면서 일본 애니메이터들을 영입하고 있다. 중국 텐센트의 자회사인 차이나리터러처가 출자한 일본 현지 애니메이션 제작사의 인력은 2019년 이후 3년 새 3배 늘었다. 미국의 넷플릭스와 디즈니, 중국의 텐센트 같은 초대형 IT·콘텐츠 기업과의 제작비 경쟁에서도 밀리고 있다. 일본의 애니메이션 제작비는 미국과 중국 동영상 스트리밍 대기업의 70% 수준까지 떨어졌다.

05

갈라파고스 일본,
기술에서 이기고 사업에서 지다

1999년 2월 일본 최대 통신회사 NTT도코모는 세계 최초로 핸드폰에서 인터넷을 사용할 수 있는 '아이모드'를 출시했다. 아이모드는 세계인의 일상을 바꿔놓은 '스마트폰의 원조'라는 평가를 받는다. '아이앱'이라는 앱 장터에서 앱을 내려받아 다양한 서비스를 이용하는 시스템도 아이모드가 처음 선보였다.

핸드폰에 PC의 기능을 결합한 아이모드는 일본에서 큰 인기를 끌었다. 2006년 1월 가입자 수가 4,568만 명을 넘어서면서 NTT도코모는 세계 최대 무선 인터넷 공급자로 기네스북에 이름을 올렸다([그림 3-7]).

NTT, '스마트폰의 원조' 먼저 출시했지만…

하지만 아이모드로 세계 통신시장을 장악하려던 NTT도코모의 구상은 실패했다. 막대한 자금을 쏟아붓고도 해외시장 점유율을 확보하지 못한 NTT도코모는 결국 2002년 1조 5,000억 엔의 손실을 반영한다.

일본인들이 열광한 아이모드가 세계인들에게 외면받은 이유는 NTT도코모가 지나치게 독자성을 고집했기 때문으로 분석된다. 아이모드를 사용하려면 NTT 도메인 등록이 필수였다. 앱도 모두 자체 개발하는 방식을 고수했다. 결국 스마트폰의 시대는 애플이 아이폰을 내놓은 2007년에서야 본격적으로 열리게 된다. 핸드폰에 인터넷 브라우저를 결합하고 앱을 통해 다양한 서비스를 이용하는 아이폰의 사업모델은 아이모드와 다를 게 없었다. 전 세계 이용자들이 서비스를 함께 만들어가는 오픈 플랫폼 전략을 채택했다는 게 차이였다. 애플은 NTT도코모와 같은 인프라 사업자가 아

[그림 3-7] '스마트폰의 원조'로 평가받는 NTT도코모의 아이모드 실제 화면

출처: NTT도코모 홈페이지

니라 IT기기 개발회사였기 때문에 가능한 전략이었다는 평가가 나온다.

IT업계 전문가들이 "NTT도코모의 전략이 조금만 달랐더라도 아이폰은 등장하지도 못하고, 일본이 오늘날 세계 IT산업을 주도했을 것"이라고 단언하는 이유다. 2021년 11월 30일 NTT도코모는 아이모드 서비스를 공식 종료했다.

1989년 NTT도코모의 시가총액은 1,639억 달러로 세계 1위였다. 2022년 NTT도코모의 시가총액은 987억 달러로 33년 전의 절반 수준이다. 반면 애플의 시가총액은 2조 3,271억 달러로 NTT도코모의 23.5배에 달한다. 일본에서는 여전히 IT 연구개발의 총본산으로 대접받지만 세계시장에서 NTT도코모의 위상은 초라하다. NTT의 5세대(5G) 이동통신 특허 출원 수 비중은 3%에 불과하다.

세계의 흐름과 동떨어진 독자성

'일본은 기술에서 이기고 사업에서 진다.'

일본 재계에서 흔히 들을 수 있는 자조다. 일본기업들은 기술력을 과신한 나머지 독자성을 고집하다가 세계의 흐름과 동떨어지는 '갈라파고스화'를 수십 년째 반복하고 있다.

일본 대표 전자회사 소니는 1975년 베타맥스를 내세운 비디

오 규격 경쟁, 1992년 MD를 내세운 레코딩 규격 경쟁에서 각각 VHS방식과 CD에 패배했다. 성능과 기술 면에서는 소니의 제품이 월등하다는 평가를 받았다. 하지만 저렴한 가격도 중시하는 가전시장의 조류를 외면한 채 '쓸고퀄(쓸데없이 고퀄러티)'을 고집한 게 패인으로 꼽힌다.

1980~1990년대 세계를 제패한 일본 전자회사들은 2000년대 들어 삼성전자에 주도권을 빼앗겼다. 기술력을 맹신한 나머지 PC와 스마트폰 시대의 대응에 뒤처진 탓이라는 분석이다. 일본경제의 미래를 짊어진 자동차산업은 하이브리드차, 연료전지차(FCV) 등 자체 기술과 일본의 트렌드를 고집한 결과 전기차 전환에 뒤졌다는 평가를 받는다.

2021년 일본의 전기차 점유율은 0.6%다. 이 때문에 일본 자동차업체들은 전기차를 저렴하게 보급하는 데 주력하고 있다. 경쟁사들이 고성능 배터리를 탑재해 주행거리를 늘리는 전기차를 개발하는 것과 대조적이다. 5월 20일 닛산자동차와 미쓰비시자동차는 주행거리가 180km 정도로 짧지만, 가격을 100만 엔 후반대로 낮춘 경전기차를 발표했다. 도요타도 같은 달 첫 양산형 전기차인 'bZ4X'를 정기구독형 서비스 방식으로 판매한다고 밝혔다.

맥주보다 '맥주맛'이 더 인기인 나라

'잃어버린 30년'의 장기침체로 급여가 30년째 오르지 않는 일본인들은 1엔이라도 싼 제품을 찾는다. 이러한 소비 습관에 일본의 기술력이 결합하면서 '갈라파고스 재팬'이 기묘한 형태로 진화하는 경우도 있다. 맥주시장이 대표적이다.

2020년 상반기 맥주맛 알콜음료인 '다이산(第三)'의 시장점유율(49%)이 처음 맥주(38%)를 제쳐 일본 주류업계를 놀라게 했다. 2004년 시판된 다이산은 일본 주세제도의 허점을 찌른 주류회사들의 신기술이다.

일본은 맥주의 주원료인 맥아의 양에 비례해 세금을 책정한다. 다이산은 맥아를 쓰지 않고 콩과 오렌지껍질 등으로 맥주맛을 낸다. 그 결과 2020년 10월 1차 주세 개정 전까지 맥주의 주세는 77엔이었지만 다이산은 28엔이었다. 350ml 한 캔의 소비자 가격은 다이산(127엔)이 맥주(218엔)보다 90엔 쌌다.

일본의 맥주 주세는 세계적으로 높은 편이다. 과거 일본 정부가 맥주를 고급 수입품으로 간주한 탓이다. 맥주 주세가 2026년 77엔에서 55엔으로 낮아져도 미국의 7배, 독일의 14배다. 일본 맥주회사들이 최신 기술력을 동원해 최대한 맥주맛에 가까운 알콜음료를 최대한 싸게 만드는 데 열을 올린 이유다. 글로벌 맥주회사들이 세계시장에서 경쟁할 수 있는 프리미엄 맥주 개발에 집중하는 추세와 반대였다.

〈요미우리신문〉은 "일본의 세제가 일본 맥주의 갈라파고스화를 유도한다"라고 지적했다. 결국 일본 정부는 2026년 10월까지 맥주의 주세는 낮추고 다이산의 주세는 단계적으로 올려 맥주류의 주세를 54.25엔으로 통일하기로 했다. 일본 재무성은 주세 개정의 이유를 "유사 상품의 세금 차이를 없애 공정성을 높이는 한편 맥주의 국제경쟁력 향상을 위한 것"이라고 설명했다.

06

이익만 챙기는 일본기업,
돈 안 쓰는 일본인

"수전노 같은 일이다."

2015년 1월 아소 다로 당시 일본 부총리 겸 재무상(현 자민당 부총재)은 기업에 원색적인 비난을 쏟아냈다. 기업이 막대한 이익을 얻으면서도 임금인상과 설비투자에 인색하다는 비판이었다. 경제단체 초청 신년회에서 한 발언이라 파문이 더 커졌다.

며칠 후 열린 국회. 야당의 거센 비난이 예상됐던 것과 달리 민주당의 야나기사와 미쓰요시 참의원은 아소 부총리를 감쌌다. 그는 "(발언에) 전적으로 동감한다"라며 "실언이라는 비판이 있지만 본질을 꿰뚫은 문제 제기였다"라고 말했다. 내부유보금에 부정적인 일본 정치권의 시각은 기시다 후미오 총리 내각이 들어서도 변하지 않았다. 스즈키 준이치 재무상은 2021년 10월 취임 기자회견에서 "기업의 내부유보가 전례 없는 수준"이라고 지적했다.

대기업에 편중된 유보금

내부유보금은 기업이 매년 벌어들인 이익 일부를 쌓아 올린 적립금이다. 일본 정치권이 민간 기업의 금고에 따가운 시선을 보내는 배경에는 괘씸함이 자리잡고 있다고 분석한다. 일본 정부는 아베노믹스를 통해 지난 10여 년간 의도적으로 엔화 가치를 떨어뜨리고 법인세를 낮춰줬다. 기업의 이익이 늘면 자연스럽게 임금인상과 소비진작으로 이어질 것이라는 기대였다. 하지만 기업은 고용과 임금을 늘리는 대신 비정규직 근로자 비중을 높여 인건비를 더 줄였다. 그 결과 기업의 부가가치 대비 인건비 비율을 나타내는 '노동분배율'이 2012년 72.3%에서 2018년 66.3%로 떨어졌다.

같은 시기 내부유보금은 1.6배 늘었다. 2020년 일본기업의 내부유보금은 484조 엔으로 9년 연속 사상 최대치를 기록했다. 정치권이 '돈을 벌게 해줬더니 자기 주머니만 채운다'라고 비난하는 이유다. 이중과세라는 지적에 한발 물러섰지만, 여당인 자민당이 내부유보금에 비례해 세금을 물리려 한 적도 있다.

일본기업이 수전노라는 비난을 감수하면서까지 유보금을 늘리는 것은 '만에 하나의 상황에 대비해야 한다'라는 인식이 워낙 뿌리 깊기 때문이다. 거품경제 붕괴 이후 30년 장기침체에서 살아남은 일본기업은 2008년 글로벌 금융위기, 2011년 동일본대지진, 2019년 코로나19를 차례로 겪었다.

미·중 패권경쟁, 러시아의 우크라이나 침공으로 경영 환경이 한 치 앞을 내다보기 힘들어진 상황에서 '포스트 코로나'에 대비한 사업 전환도 서둘러야 한다. 불확실한 미래에 대비해 자금을 최대한 확보해둬야 한다는 게 기업의 입장이다. 유보금의 절반인 242조 엔은 자본금 10억 엔 이상의 대기업에 편중돼 있다. 정치권의 비난과 달리 대부분의 기업은 주머니를 채울 정도로 벌지도 못했다는 의미다.

우울한 가계 금융자산 2,000조 엔

일본인들도 지갑을 열지 않는 것은 기업 못지않다. 2021년 일본의 가계는 연 수입의 34.2%를 저축했다. 저축률이 2008년 글로벌 금융위기 당시보다 10%포인트 이상 높아졌다. 2021년 월 평균 소비지출은 27만 9,024엔으로 코로나19 직전인 2019년보다 4.6% 감소했다.

미국과 유럽 같은 '보복 소비'도 일어나지 않았다. 2021년 소비지출은 2020년보다 0.7% 증가하는 데 그쳤다. 그 결과 2021년 말 일본 가계의 금융자산은 2,023조 엔으로 처음 2,000조 엔을 돌파했다. 1992년 1,000조 엔을 돌파한 지 30년 만이다.

일본 정부가 한숨 짓는 건 가계자산의 증가가 반드시 일본이 풍족해졌음을 의미하는 게 아니기 때문이다. 가계 금융자산의 54%

인 1,092조 엔은 예금과 현금에 묶여 있다. 주식 비중은 10%에 불과하다. 주식과 현금 비중이 각각 40%, 10%인 미국과 반대다.

현금과 예금을 주식시장과 같이 성장분야로 흘러들어 가게 하는 것은 일본경제의 부활과 직결되는 문제로 평가된다. '잃어버린 30년'을 겪는 동안 일본의 잠재성장률은 1990년대 후반 이후 미국과 EU을 밑돌고 있기 때문이다. 일본 정부가 수십 년째 개인 금융자산을 '저축에서 투자로' 돌리기 위해 애써온 이유다. 2022년 6월 1일에도 일본 정부는 개인의 주식투자 비과세 제도(NISA)를 확대해 "가계 금융자산을 저축에서 투자로 전환하겠다"라고 밝혔다. 기시다 후미오 일본 총리의 간판 경제정책인 '새로운 민주주의'를 실현하기 위한 구체안이다.

투자 '트라우마'

버블 붕괴와 글로벌 금융위기 당시 주식증서가 휴지조각이 되는 것을 경험한 일본 중장년층은 여전히 투자 '트라우마'를 안고 있다. 1980년대부터 매월 1만 엔씩 닛케이225지수에 투자해봤자 40년간 수익률이 2%에 불과하다는 증권사 분석 결과도 있기 때문이었다. 1900년 미국주식에 투자한 1달러가 연평균 9.5%의 수익률을 통해 2015년 4만 3,650달러로 불어났다는 실례는 그야말로 다른 세계의 얘기다. 상당수 일본인은 연금만으로 노후 생활이 가능하다고 철석같이 믿었다. 2019년 6월 일본 금융청이 "65세 이상 부부의 노후자금이 최대 2,000만 엔가량 부족할 것"이라는 내용의 보고서를 발표하면서 이 같은 믿음도 산산조각이 났다.

미래는 불안한데 임금은 30년째 제자리다. OECD에 따르면 지난 30여 년간 미국의 명목 평균연봉은 2.6배, 독일과 프랑스는 2배 늘어나는 동안 일본은 4% 오르는 데 그쳤다. 미래가 불안한 일본인들이 한 푼이라도 더 저축을 늘리려는 이유다. 일본인들이 투자를 꺼리더라도 개인의 예금을 맡아서 운용하는 은행이 적극적으로 투자와 대출에 나서면 경제를 활성화할 수 있다. 하지만 2021년 3월 말 일본 금융회사 예대율은 58.1%까지 떨어졌다. 경기가 부진해서 돈 빌려줄 곳이 마땅치 않다 보니 은행들이 예금 잔고의 60%밖에 대출하지 못하는 것이다. 나머지 예금 잔고 40% 대부분도 안정적이지만 수익률은 낮은 국채에 투자하고 있다. 〈니혼게이자이신문〉은 "일본경제의 성장 분야로 자금이 흘러들어 가지 않는 구조가 굳어졌다"라고 지적했다.

07
___

일본만 고집하는
'쇼와모델'

'미국은 IX, 유럽은 CX로 미래를 향해 나아가는데 일본은 여전히 쇼와모델을 벗어나지 못한다.'

일본 재계는 경쟁국과 자국 기업이 제4차 산업혁명 시대에 대비하는 방식의 차이를 이렇게 자조적으로 묘사한다. IX는 '이노베이션 트랜스포메이션(Innovation Transformation)'의 약자다. 기술혁신으로 경제구조를 진화시키는 미국기업들의 미래 전략이다. CX는 '코퍼레이트 트랜스포메이션(Corporate Transformation)'의 줄임말이다. M&A을 통해 기업의 경쟁력을 높이는 유럽 기업의 4차산업 대응 전략을 CX로 묘사했다. 쇼와(昭和) 시대는 1926~1989년 히로히토 일왕의 재위기다. 일본이 세계 2위 경제대국에 오른 '좋았던 날'을 상징하기도 하지만 오늘날에는 '낡고 구식'의 이미지로 더 많이 쓰인다.

게임 체인저와 모노즈쿠리

쇼와모델을 벗어나지 못한다는 건 미국기업이 기술혁신, 유럽기업이 M&A를 통해 미래 경쟁력을 끌어올리는 데 비해 일본기업은 여전히 '쌍팔년도' 경영방식을 고수한다는 뜻이다. 일본기업의 쌍팔년도 경영방식이란 '모노즈쿠리'로 대표되는 일본의 제조업 전통을 말한다.

모노즈쿠리는 착실하게 개선과 개량을 거듭하면 어제보다 조금 더 나은 제품을 만들 수 있다는 일본 제조업 특유의 장인정신이다. 일본의 장인정신은 일본을 세계 2위 경제대국으로 올려놓은 원동력이다. 하지만 최근 들어서는 디지털화와 기술혁신을 가로막는 장애물이라는 지적을 많이 받는다. 지금까지 존재하지 않던 기술혁신을 통해 단숨에 시장 판도를 바꾸는 '게임 체인저'의 시대에 모노즈쿠리 전통이 의도치 않게 변화를 거부하는 주체로 작용한다는 것이다.

변화와 혁신에 소극적인 일본의 전통적인 경영인 상(像) 역시 쇼와모델을 대표한다. 일본 심리학의 대부 가와이 하야오는 《중공구조(中空構造) 일본의 심층》이란 책에서 "일본의 정치 지도자와 기업 경영인은 강력한 지도자보다 전체적인 균형을 조율하는 조정자형이 많다"라고 언급했다. 그 결과 미국과 유럽기업은 강력한 리더가 이끄는 통합형 경영체제가 많지만 일본기업은 균형형 경영체제가 흔하다고 분석했다.

안이 텅 비어 있는 일본 신사의 사당(祠)처럼 일본기업은 실질적인 리더가 존재하지 않는 대신 각 계열사나 사업부의 힘이 서로 작용해 조직의 균형을 유지한다는 설명이다.

수십, 수백 개의 계열사를 거느린 재벌의 선단식 경영 시대에 이러한 경영체제는 기업을 안정적으로 이끄는 경쟁력이었다. 변하지 않으면 살아남지 못하는 오늘날 전통적인 일본 경영인 모델은 기업을 고인물로 만드는 원인이다.

품질검사 부정, 직장 내 괴롭힘, 입찰 담합 등 사고가 끊이지 않는 미쓰비시전기는 조정자형 경영체제의 단점을 바로 보여준다는 평가를 받는다. 미쓰비시전기는 8개의 사업부문 대표자가 사장을 돌아가면서 4년씩 나눠 맡는 전통을 유지해왔다. 사장은 조직의 리더라기보다 8개 사업부의 조정자에 가까웠다. 자연스럽게 사업구조 재편과 같은 변혁을 추진하는 리더는 드물었고, 현상 유지에 힘을 쏟는 관리자가 대부분이었다.

2030년대엔 만성 역성장

수성에 골몰하는 고만고만한 경영인은 미쓰비시전기뿐 아니라 일본기업 어디서나 찾아볼 수 있는 일본의 대표적인 현상이다. 총리 직속 자문기구인 경제재정자문회의의 멤버이기도 한 니나미

[그림 3-8] 만성 성장 정체 상태에 빠진 일본

	2016~ 2020년	2021~ 2025년	2026~ 2030년	2031~ 2035년
실질경제성장률	-0.5%	1.3%	0.1%	-0.2%
소비자물가지수 상승률	0.3%	0.6%	0.3%	0.6%
1인당 명목고용자 보수증가율	0.5%	0.6%	0.4%	0.3%
기업의 영업이익 (자본금 1,000만 엔 이상)	56.5조 엔	54.1조 엔	60.0조 엔	60.5조 엔
명목 GDP 대비 국가부채비율	193.6%	226.8%	239.2%	259.6%

출처: 〈니혼게이자이신문〉

다케시 산토리홀딩스 사장은 이를 '마트료시카 현상'이라고 부른다. 비슷비슷한 유형의 경영인이 반복해서 배출되는 일본기업의 풍토를 큰 인형 안에 작은 인형이 나오고 또 그 속에서 더 작은 인형이 잇따라 나오는 러시아 전통인형 마트료시카에 빗댔다. 변화를 거부하는 경영인에 제2차 세계대전 이후 일본을 일으켜 세운 힘이었던 '애니멀 스피릿(야성적 추동)'의 상실이 겹쳐지면서 일본경제가 시들고 있다는 게 일본 재계의 자체 진단이다.

일본경제연구센터는 2022년 3월 중기경영 예측을 했다. 코로나19가 2022년 이내에 수습되고 러시아가 우크라이나를 침공하면서 세계경제에 준 충격이 2025년까지 마무리된다는 표준 시나리오에서도 2030년대 일본경제는 마이너스 성장이 상시화할 것으로 예상했다.

기업 실적 부진에 따른 설비투자 부진, 저출산·고령화에 따른 노동력 감소 때문인 것으로 보인다. 근로자 1인당 급여 증가율은 0.3%에 그치고, 대기업의 영업이익도 60조 엔 수준에서 정체될 것으로 내다봤다([그림 3-8]).

전문성보다 일본어 능력으로 해외인재 채용

인재가 핵심 자원인 시대에 인재를 채용하는 방식도 쇼와모델을 벗어나지 못하고 있다. 전문직 외국인을 채용하려는 일본기업들이 전문성보다 일본어 회화 실력을 더 중시한 나머지 인력난을 자초하는 것으로 나타났다.

〈니혼게이자이신문〉이 2021년 외국인전문 취업사이트의 자료를 분석한 결과 전문직 외국인을 구하는 기업의 75%가 최고 수준의 일본어 실력을 요구하는 반면 기준을 충족하는 외국인 인재는 37%에 불과했다. 2021년 11월 말 기준 전문직 외국인을 찾는 구인 광고 1만 8,000건과 일본 취업을 희망하는 외국인 등록자 9,000명의 현황을 분석한 결과다.

일본기업의 75%는 일본국제교류기금이 주관하는 일본어능력시험(JLPT)의 최고 등급인 'N1' 이상의 어학 실력을 요구했다. 반면 N1 등급의 외국인 구직자는 37%에 그쳤다. 4단계로 나뉘는 JLPT 시험의 2~3번째 등급인 N2와 N3 실력의 외국인 구직자가 절반에 달했다.

일본경제산업성은 2030년 일본의 IT 관련 인력이 최대 79만 명 부족할 것으로 예상했다. 이 때문에 일본 정부는 해외 인재를 불러들여 인력난을 해소한다는 목표를 세웠다. 일본학생지원기구의 2019년 조사 결과 외국인 유학생 가운데 일본에 취업한 비율은 36.9%로 정부 목표치인 50%를 크게 밑돌았다. 전문성보다 일본어 실력을 중시하는 기업의 채용 방침이 인재 수입을 막은 결과라고 이 신문은 지적했다.

미국과 유럽은 회화 능력보다 전문성을 중시하는 채용 관행이 정착됐다는 평가를 받는다. 필요한 업무에 필요한 능력을 갖춘 인재를 뽑는 직무기술형 채용제도가 일반화돼 있기 때문이다. 반면 일본은 직무 구분 없이 일괄적으로 채용한 인재를 업무에 필요한 교육을 하는 연공서열 방식의 종신고용제가 대부분이어서 회화 능력을 과도하게 중시할 수밖에 없다는 설명이다. 고바야시 유지 파솔종합연구소의 수석 연구원은 "IT분야는 해외인재 활용이 필수적인 업종이지만 일본어 능력을 중시한 나머지 우수한 외국 인재를 놓치는 기업이 많다"라고 지적했다.

08

300% 성장한 교토기업,
제자리에 머문 도쿄기업

닛케이225지수가 사상 최고치인 3만 8,915를 기록한 1989년 이후 일본전산과 무라타제작소 등 교토에 본사를 둔 상장기업의 시가총액은 300% 이상 늘었다. 도요타자동차가 있는 아이치현 기업의 시가총액도 100% 이상 늘었다. 반면 일본기업 본사의 60%가 몰린 도쿄기업의 시가총액은 33년 전과 거의 같은 수준이다.

〈니혼게이자이신문〉의 간판 칼럼니스트 가지와라 마코토는 교토기업이 3배 성장할 때 도쿄기업은 성장 정체에 빠질 수밖에 없었던 이유를 "가스미가세키 코스트 때문"이라고 지적한다. 가스미가세키(霞が関, かすみがせき)는 일본 정부조직이 몰려 있는 도쿄의 관청가로 관료 조직을 상징하는 단어다.

연구개발·투자를 가장 많이 줄인 나라

가스미가세키에 가까울수록 정부의 보호와 규제를 받는 기업이 많고, 그런 기업일수록 대관업무의 부담이 크기 때문에 채산성도 나쁘다는 게 가지와라의 설명이다. '서류와 도장 문화'로 대표되는 일본 관공서가 기업에 얼마나 부담을 주는지는 종이 사용량에서도 나타난다. UN식량농업기구(FAO)의 2018년 조사에서 일본 기업의 복사용지 소비량은 1,000명당 23톤으로 161개국 가운데 6위였다.

정부의 보호를 받는 기업의 경쟁력이 떨어진다는 사실은 시가총액이 입증한다. 1989년 말 이후 대표적인 규제산업인 은행 업종의 시가총액은 90% 급감했다. 전력과 건설은 60% 줄었다. 반면 세계시장에서 경쟁하는 자동차와 소매업종의 시가총액은 60%와 30% 증가했다.

1980년대 세계 최대 기업이었던 일본 최대 통신회사 NTT의 2022년 시가총액은 애플의 25분의 1이다. 당시 세계 10대 기업의 절반을 차지했던 일본 메가뱅크들 역시 오늘날에는 도쿄증시의 시가총액 상위권에 머무르는 '골목대장'으로 전락했다.

일본 정부의 보호에 의지하는 일본기업들이 관청의 눈치를 살피는 데 급급한 나머지 지난 20여 년간의 엔저와 초저금리의 기회를 살리지 못했다는 비판을 받는 이유다. 일본기업들은 1990년

대 후반 아시아 통화위기 이후 위축된 투자를 되돌리는 데 주저
했다.

일본 총리관저에 따르면 1985~2009년 연구개발비를 줄인 기
업의 비율이 일본은 41.5%로 주요 G7 가운데 단연 1위였다. 영
국은 33.1%, 미국은 22.5% 수준이었다. 같은 기간 설비투자를 줄
인 기업의 비율 역시 일본은 47.1%로 미국(42.7%)과 영국(44.2%)보
다 높았다.

투자를 외면한 결과는 수익성 정체로 나타났다. 지난 20년간
미국과 영국기업의 자본스톡(자본금과 이익잉여금 등 축적한 자금의 총량)
이 50% 전후, 독일기업이 17% 늘어나는 동안 일본기업은 9% 증
가했다. 기업의 부진은 국가 경제의 침체로 이어졌다. 2008년 글
로벌 금융위기 이후 2019년까지 일본의 GDP는 7% 늘었다. 그
사이 미국과 EU는 20%, 아시아 국가들은 2배 증가했다.

비제조업 생산성 높이면 30% 늘어나는 GDP

코로나19 확산 이후 여지없이 드러난 일본 디지털 부문의 후진성
도 이러한 정체의 연장선상이라는 분석이다. 2021년 하반기 일본
총무성이 발표한 〈2021년 정보통신백서〉에 따르면 디지털화를
추진하는 일본기업의 비율은 13%로 60%의 미국에 크게 뒤처졌
다. 일본 총무성은 디지털화를 추진하는 일본기업의 비율이 미국

수준으로 늘어나면 제조업 매출이 6%(23조 엔), 비제조업 매출이 4%(45조 엔) 늘어날 것으로 추산했다. 2021년 일본 GDP의 10%를 넘는 수치다.

OECD에 따르면 2018년 미국 IT분야의 하드웨어와 소프트웨어 투자 규모는 2000년에 비해 4.18배와 3.07배씩 증가했다. 일본은 1.53배와 1.33배 늘어나는 데 그쳤다. 부족한 IT인재의 편중은 가뜩이나 후진적인 일본의 디지털 개혁을 더욱 늦추는 요인이 된다. 일본 정보처리추진기구의 〈IT인재백서 2020년〉에 따르면 125만 명인 일본 IT인재의 77%가 후지쓰, NEC 등 IT기업에 소속돼 있다. 미국의 IT인재는 일본의 4배인 데다 60% 이상이 일반 기업에서 활동하고 있다.

일본의 고질병인 낮은 생산성이 좀처럼 개선되지 않는 것도 디지털화에서 진전을 보지 못하고 있기 때문인 것으로 보인다. 특히 비제조업 부문의 낮은 생산성은 일본의 부활을 가로막는 장애물로 지적된다. 1985년까지 일본의 제조업과 비제조업 부문의 생산성은 차이가 없었다. 1985년 미국 등 주요국이 엔화 가치를 인위적으로 낮추기로 한 플라자합의 이후 제조업 부문의 생산성이 42% 늘어나는 동안 비제조업의 생산성은 25% 늘어나는 데 그쳤다.

일본생산성본부는 비제조업 부문의 생산성이 제조업과 같은 수준으로 높아지면 일본의 GDP가 30% 늘어날 것으로 예상했다. 2만 7,000선에 머무르는 닛케이225지수도 3만 7,000을 웃돌아 1989년 말 기록한 사상 최고치 3만 8,915 탈환을 기대할 수 있을 것으로 내다봤다. 가지와라 칼럼니스트는 "거품경제 붕괴 이후 일본기업은 1990년대 후반 IT혁명과 2008년 글로벌 금융위기 이후의 재도약 등 세계적인 경쟁에서 2번 모두 패했다"라고 지적했다.

09

일본 전자회사 매출은
왜 10조를 넘지 못했을까

2022년 5월 소니그룹의 2021년 온라인 실적 발표회에 참석한 도토키 히로키 최고재무책임자(CFO) 겸 부사장의 표정은 밝지 않았다. 이날 소니그룹은 2021년 영업이익이 1조 2,023억 엔, 매출이 9조 9,215억 엔으로 사상 최고치를 기록했다고 발표했다. 일본의 제조업체가 영업이익 1조 엔을 넘은 건 도요타자동차에 이어 두 번째, 전자기업으로는 처음이다.

잔칫집 분위기여야 할 자리에서 도토키 CFO가 긴장의 끈을 늦추지 못한 건 2021년을 정점으로 소니의 수익성이 꺾이고 있어서다. 소니의 2022년 영업이익은 1조 1,600억 엔으로 4% 감소할 전망이다. 코로나19 확산 이후 급증했던 '집콕 수요' 퇴조의 영향 때문인 것으로 보인다. 특히 지난 수년간 소니의 실적을 지탱한 게임과 영화 사업의 영업이익이 12%와 54%씩 급감할 것으로 예상한다([그림 3-9]).

일본 전자업계의 오랜 꿈 '매출 10조'

영업이익은 줄지만 매출은 11조 4,000억 엔으로 1946년 창업 이래 처음 10조 엔을 넘을 전망이다. 매출 10조 엔 돌파는 일본 전자업계의 오랜 꿈이다. 1918년 창업한 소니의 라이벌 파나소닉은 매해 매출 10조 엔을 목표로 내걸었지만 실패했다. 2021년 매출은 약 7조 3,000억 엔으로 30년 전인 1991년보다 오히려 줄었다. 매출이 7조 엔대까지 줄어든 2016년 파나소닉은 매출 10조 엔 목표를 철회했다([그림 3-9]).

히타치제작소가 2015년 10조 343억 엔을 기록한 적이 있지만 전자기업 매출로 보기 어렵다는 평가가 지배적이다. 매출의 52%가 원전, 화력발전, 상하수도 등 인프라 사업과 비(非)전자 자회사인 히타치건설기계, 히타치금속, 히타치화성에서 나온 탓이다. 삼성전자는 2008년 매출 100조 원, 2012년 매출 200조 원을 넘어섰다. 1994년 창업한 아마존은 21년 만인 2015년 엔화 기준으로 매출 10조 엔을 돌파했다.

아마존이 21년 만에 달성한 매출 10조 엔의 벽을 일본 전자기업들이 100년이 지나도 못 넘는 이유를 와카바야시 히데키 도쿄이과대학교 교수는 "안정적으로 수익을 내는 사업에 안주했기 때

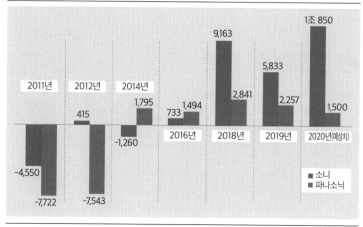

[그림 3-9] 소니와 파나소닉의 순이익 추이

(단위: 억 엔)

출처: 소니, 파나소닉

문"이라고 분석한다.

도시바의 매출이 반토막 난 까닭

JP모간 등 외국계 증권사에서 오랫동안 전자 애널리스트로 활동한 와카바야시 교수는 일본기업의 경영전략을 '스트라이크 존 경영'으로 설명한다. 일본기업들이 제품 수명은 5~10년, 판매수량은 수천만에서 1억 개인 분야에서 강점을 보이지만 스트라이크존을 벗어나는 분야에는 취약하다는 것이다. 워크맨과 플레이스테이션, 각종 가전제품 등 한때 일본기업들이 석권한 제품은 모두스트라이크 존의 사업영역이라는 공통점을 갖고 있다.

스트라이크 존 경영의 대표적인 사례가 도시바다. 1960년 일본 최초의 컬러TV, 1985년 세계 최초의 노트북 등을 개발한 혁신기업이었지만 스트라이크 존 밖의 사업에는 취약했다. 제품 수명이 40년인 원자력 발전, 반대로 제품 수명이 1년 미만인 반도체 사업부를 차례로 줄이거나 팔았다. 그 결과 2022년 도시바의 매출은 3조 엔대로 10년 전의 절반으로 줄었다.

스트라이크 존 경영은 안정적인 수익을 보장하는 대신 기업 환경의 변화에 둔감한 약점을 갖고 있다. 일본 전자 대기업들은 디지털과 스마트폰 시대를 외면했다가 2010년대 들어 삼성전자에 주도권을 뺏긴 경험이 있다. 2020년대에는 플랫폼 시대로의 전환에 뒤처지고 있다고 와카바야시 교수는 우려한다.

제품을 개발하고, 판매하는 제조업의 기업과 고객 관계는 1대 1로 단선적이다. 반면 기업과 고객의 관계가 1대 다수인 플랫폼 사업은 시장이 급속히 커지는 네트워크 효과가 특징이다. 아마존의 매출이 기하급수적으로 성장한 것도 네트워크 효과가 발생했기 때문이라는 설명이다.

지난 20여 년간 아마존과 소니의 매출은 연평균 28%와 13%씩 늘었다. 스트라이크 존을 벗어나지 못한 파나소닉의 성장률은 0%였다. 2022년 상태라면 30년 후 아마존, 소니와 파나소닉의 매출 격차가 각각 1,645배와 39배까지 벌어질 것으로 〈니혼게이자이신문〉은 내다봤다.

와카바야시 교수는 "소니가 매출 10조 엔 돌파를 앞둔 것은 비주력 사업을 팔아 신성장동력에 투자하는 단순 포트폴리오 교체 방식의 사업 재편에서 벗어나 미국 빅테크식 플랫폼화에 성공했기 때문"이라고 분석했다.

10

일본이 디지털 후진국으로
추락한 이유

"눈앞에 앉아 있는 사람의 머리 회전이 나보다 3~4배 빠른 게
느껴졌다."
"이 회사에서 나는 하위 그룹에서 중간 정도의 인간이겠구나
싶었다."

일본에서 최고 두뇌를 자랑하던 인재들이 20여 년 전 구글에 입
사할 당시 받았던 첫인상이다. 〈니혼게이자이신문〉은 최근 일본
이 왜 디지털경쟁에서 패했는지 20년 전까지만 해도 신생 기업에
불과했던 구글에 입사한 일본인의 시각을 통해 분석했다. 이 기간
에 구글은 글로벌 IT 공룡 GAFA의 하나로 성장하지만 일본의 디
지털경쟁력은 후퇴를 거듭했다.

일본의 디지털경쟁력, 64개국 중 28위

스위스 비즈니스스쿨 IMD가 발표한 '2021년 세계 디지털경쟁력 순위'에서 일본은 64개국 가운데 28위에 그쳤다. 2013년 20위였던 순위가 30위권이 위태로울 정도로 처졌다. 2013년 38위였던 중국이 15위로 일본을 크게 앞질렀다. 미국은 2018년 이후 부동의 세계 1위를 지키고 있다.

한때 미국과 세계 1위를 다투던 일본의 경쟁력이 왜 이렇게 떨어진 걸까. IMD는 "고부가가치를 생산하는 인재가 부족해 시대에 대응하는 속도가 떨어졌다. 그 결과 세계에서 대결할 수 있는 사업을 키우지 못하고 있다. 이러한 일본의 약점이 미국 등과의 차이로 이어지고 있다"라고 분석했다.

"고부가가치를 생산하는 인재가 부족하다"라는 IMD의 분석대로 일본은 특히 인적자원과 관련한 항목에서 약점을 드러냈다. '디지털 및 테크놀로지 관련 기술'에서 62위였고, 빅데이터 활용 능력은 63위였다. 국제경험과 기업의 민첩성 등 2개 항목에서는 64위로 꼴찌를 기록했다([그림 3-10]).

기술력만큼은 여전히 세계 최고를 자부하는 일본이 디지털과 IT기술에서 세계 최하위권으로 추락한 원인은 투자 부족이다. 2019년 일본의 ICT산업 부문 연구개발비는 5,400억 엔으로 2008년보다 10% 줄었다. 반대로 미국의 ICT 연구개발비는 11조 4,000

[그림 3-10] 2021년 일본의 디지털경쟁력 개별 지표

국제경험	64위
디지털 테크놀로지에 관련된 기술	62위
기업의 민첩성	64위
빅데이터 활용	63위

*조사 대상은 64개국·지역
출처: 스위스 IMD

억 엔으로 2008년보다 2배 가까이 늘었다. 미국과 일본의 ICT 연구개발비가 20배까지 벌어졌다.

인재·수평적인 문화·스피드·스케일

구글이 본격적으로 성장을 시작할 무렵 이 회사에 입사해 미국 IT 기업의 진면목을 몸소 체험한 일본인들은 공통으로 인재, 수평적인 회사 풍토, 스피드, 스케일이 일본의 패인이라며 입을 모았다.

"눈앞에 앉아 있는 사람의 머리가 나보다 3~4배 빨리 돌아가고 있는 게 느껴졌다"라는 말은 2003년 구글에 입사한 도쿠세 겐타로 검색 담당 디렉터가 면접관에게서 받은 인상이다. 도쿠세 디렉터는《내가 구글에서 성장할 수 있었던 이유》라는 책의 저자로도 일본에서 인지도가 있는 인물이다. 스탠퍼드대학교에서 석사학위를 받고 실리콘밸리의 여러 스타트업 기업에서 근무한 경력

이 있는 수재다. 그런데도 '이 회사에 들어가면 하위그룹의 중간 정도겠구나'라고 느낄 정도로 구글은 인재의 집합소였다. 도쿠세 디렉터에 따르면 대부분의 기업이 조직과 자금력으로 승부를 보던 당시 구글은 국적과 인종을 가리지 않고 즉시 프로젝트에 투입할 수 있는 천재들이 우글거린 곳이었다.

2006년 후지쓰연구소에서 구글로 전직한 고토 마사노리 기술개발 본부장은 스피드를 구글 경쟁력의 원천으로 꼽는다. 고토 본부장은 구글맵의 다양한 기능을 개발한 사람으로 유명하다. 2005년 구글맵이 처음 등장했을 때는 미국과 영국 지도뿐이었고, 지금은 당연하게 여겨지는 목적지 찾기나 경로 검색 기능도 없었다. 그런데 불과 1~2년 사이에 위성사진을 표시하는 구글어스, 거리의 모습을 사진으로 보여주는 스트리트뷰 등의 기능이 순식간에 추가됐다. 이제는 스마트폰으로도 사용할 수 있게 진화하면서 구글맵은 매월 10억 명 이상이 사용하는 '필수 툴'이 됐다.

또 하나는 스케일의 차이였다. 2008년 소니에서 전직한 이마이즈미 료이치 엔지니어링 디렉터는 '기술로 세계를 더 좋게 만든다'라는 단순하지만 낙관적인 구글의 사고방식에 깜짝 놀랐다. 보통의 회사라면 매출 10% 증가, 이익률 5% 개선 같은 현실적이고 달성 가능한 목표를 내세우지만 구글은 '10배 혁신' 같은 큰 스케일을 권장했다.

그는 "일본에서 2022년 사업목표는 '세계를 바꾸는 것'이라고 밝히면 웃음거리가 되지만 구글은 이를 매우 진지하게 받아들이고 실현하고자 회사 전력을 총동원한다"라고 말했다. 이제는 임직원 15만 명의 거대기업으로 성장해 플랫폼을 독점한다는 비판을 받는 구글. 초창기 성장할 때의 모습은 여전히 배울 게 많다고 당시 구글에 입사한 일본 수재들은 조언했다.

트랜스포메이션 발목 잡는 장인정신

인공지능과 빅데이터 등 디지털 기술이 급격히 발전하는 뉴노멀 시대가 요구하는 비즈니스 모델의 핵심은 누가 더 빠르고 정확하게 트랜스포메이션(사업전환)에 성공하느냐다. 성장기 구글의 체질은 뉴노멀 시대에 정확히 들어맞는 것이었다.

반면 일본기업의 강점과는 정확히 반대되는 특질들이다. 일본이 세계 최강의 경쟁력을 자랑하는 부품과 소재산업의 근간은 '모노즈쿠리', 즉 장인정신이다. 매일 똑같은 일을 성심성의껏 반복하면 무엇이든지 조금씩 개선할 수 있다는 자세다. 하지만 이 장인정신이 일본기업의 빠르고 정확한 트랜스포메이션을 어렵게 해서 일본경제의 발목을 잡고 있다.

최근 서비스업의 주류는 애자일 개발방법론(Agile Software Development)을 따른다. 일단 기본 기능을 출시한 뒤 다수의 작은 기능을 계속해서 추가하고 업데이트하는 방식이다. 카카오톡과

[그림 3-11] 2021년 스위스 IMD가 평가한 디지털경쟁력 순위

순위	디지털경쟁력
1	미국
2	홍콩
3	스웨덴
4	덴마크
5	싱가포르
6	스위스
7	네덜란드
8	대만
9	노르웨이
10	UAE
11	핀란드
12	한국

출처: 스위스 IMD

같은 SNS 플랫폼이 조금씩 진화하는 것이 대표적인 예다. 반면 장인정신의 전통이 뿌리 깊은 일본 제조업체들은 어설픈 제품을 내놓는 걸 수치스러워 한다. 최고 품질의 완성품을 경쟁사보다 조금이라도 빨리 제공하는 것에 사활을 건다. 하루하루 트렌드가 변하는 현대의 사업모델에는 맞지 않는 방식이라는 지적이다.

한국도 자만할 때가 아니다. 많은 한국인이 세계 최고 수준의 스마트폰 보급률과 인터넷 속도를 내세우며 한국은 여전히 디지털 최강국이라는 착각을 한다. 하지만 AI와 빅데이터가 플랫폼과 접목하는 시대다. 스마트폰 보급률이나 인터넷 속도 같은 하드웨

어 인프라의 중요성은 낮아지는 추세다.

[그림 3-11]을 보면 스위스 IMD의 디지털경쟁력 순위에서 한국은 2020년 8위에서 2021년 12위로 밀려났다. 일본보다는 순위가 높았지만 11위에서 8위로 순위가 오른 대만에 역전을 허용했다. 2위 홍콩, 5위 싱가포르 등 아시아 경쟁국가에 비해서도 순위가 뒤처졌다. 일본이 디지털전쟁에서 패한 요인을 한국도 곱씹어봐야 한다는 게 전문가들의 지적이다.

11
___

2050년 자동차시장이
반토막 난다

제조강국 일본의 기둥인 자동차산업이 흔들리고 있다. 100년 만의 대변혁기를 맞은 자동차시장이 송두리째 바뀌면서 2050년 일본의 자동차 보유 대수가 80%, 판매 대수는 50% 급감할 것이라는 전망이 나왔다.

미즈호은행이 2022년 6월 펴낸 보고서 〈2050년의 일본 산업을 생각한다〉에 따르면 2018년 430만 대였던 일본의 신차 판매 대수는 2050년 225만~275만 대로 36~48% 줄어들 전망이다. 자가용과 택시를 포함한 일본의 승용차 보유 대수는 2021년 6,192만 대에서 2050년 1,126만~1372만 대로 80% 감소할 전망이다. 공유차와 무인 자율주행셔틀 보급률이 도쿄, 오사카, 나고야 등 3대 도시권에서는 50%, 나머지 지역은 10%를 넘는다는 가정에서의 예상치다.

이동수요 급감으로 필요 없어지는 차

보고서는 일본의 디지털화 속도에 따라 자동차시장의 규모 변화를 2가지 시나리오로 예상했다. 첫 번째는 재택근무, 온라인 쇼핑, 온라인 진료 등 다양한 분야에서 온라인 서비스가 가능해지는 일반적인 디지털화의 시나리오다. 또 하나는 생산성 향상으로 출근 일수가 줄어들고, 모든 교육기관이 일부 수업을 온라인으로 진행하며 배달음식의 대중화로 외식 수요가 감소하는 등 디지털화가 가속화하는 시나리오다.

[그림 3-12]를 보면 2050년 신차 판매 대수는 일반적인 디지털화의 시나리오에서 225만 대, 디지털화 가속화의 시나리오에서 275만 대로 줄어들 것이라 예상됐다. 승용차 보유 대수 역시 일반 시나리오에서는 1,372만 대, 디지털화 가속화의 시나리오에서는 1,126만 대로 디지털화가 진전될수록 승용차가 가파르게 줄어드는 것으로 나타났다.

일본 자동차산업이 반토막 나는 건 인구가 감소하고, 디지털화로 이동 수요가 줄어들면서 자동차를 보유할 필요성이 사라지기 때문이다. 2050년 연간 여객수송량은 304억(디지털화 가속화)~472억(일반적인 디지털화) 명으로 줄어들 전망이다.

574억 명이었던 2020년보다 적게는 18%, 많게는 47% 감소한다는 예상이다. 연간 여객수송량은 이미 코로나19 영향을 크게

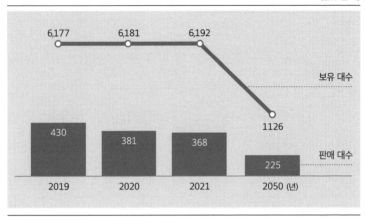

[그림 3-12] 일본 승용차 보유·판매 대수 (단위: 만 대)

6,177　　6,181　　6,192

보유 대수

1126

판매 대수

430　　381　　368　　225

2019　　2020　　2021　　2050 (년)

출처: 미즈호은행

받고 있다. 코로나19 확산 직전인 652억 명이었던 여객수송량이 2020년 574억 명으로 12% 감소했다.

자동차 보유 대수와 판매 대수가 급감하는 대신 공유차와 무인 자율주행 셔틀의 보급으로 자동차 한 대가 매일 실어 나르는 사람 수는 많이 늘어날 전망이다. 2020년 2.54명이었던 1일 운송 인원은 2050년 7명으로 3배 가까이 늘어날 것으로 예상한다. 3대 도시권은 12.7명, 나머지 지역은 4.8명 늘어나는 것으로 나타났다. 보고서는 "개인 소유의 자동차는 일상의 발 역할을 하는 소형 저가 차량과 이동수단 이상의 가치를 추구하는 고급차로 양분될 것"이라고 분석했다.

일본경제의 미래가 달린 산업

자동차산업은 제조 강국 일본을 대표하는 산업이다. 일본자동차 공업회에 따르면 2018년 기준 자동차 관련 시장에서 일하는 일본인은 542만 명이다. 전체 취업 인구의 8.2%를 차지한다. 세계 최대 자동차회사인 도요타자동차는 일본 최대 기업이다. 도요타자동차만 7만 명, 도요타그룹 전체는 37만 명을 고용하고 있다. 연결 자회사는 600곳 이상이다. 직간접적으로 거래 관계가 있는 협력사가 일본에만 4만 곳에 달한다.

일본 자동차업계의 총생산 규모는 18조 1,000억 엔으로 일본 GDP의 3.3%다. 제조 업종 가운데 최대 규모다. 수출 총액은 16조 7,000억 엔으로 일본 전체 수출의 20.5%를 담당한다. 역시 단일 수출 품목으로는 가장 큰 규모다. 한때 반도체와 가전 등 세계를 석권했던 일본이 한국과 중국에 주도권을 차례로 내준 이후 자동차산업은 일본이 세계적인 경쟁력을 보유한 마지막 완제품으로 평가받는다. 일본경제의 미래는 자동차산업에 달렸다고 일본 재계가 평가하는 이유다.

비중이 큰 만큼 자동차산업의 쇠퇴는 다른 산업에도 충격을 줄 수밖에 없다. 일본의 자동차 생산과 가솔린 수요가 줄어드는 영향으로 2050년 일본의 조강 생산량과 석유제품 수요는 2020년보다 각각 40%와 70% 감소할 것으로 보인다.

자동차산업이 생산하는 부가가치가 절반으로 준다고 가정할 경우 기계, 철강, 비철금속 산업의 부가가치와 고용에도 큰 영향을 미칠 것이다. 2018년 일본의 기계산업이 생산한 부가가치는 15조 6,540억 엔, 고용인원은 133만 명이었지만 자동차산업의 쇠퇴에 따라 부가가치는 5조 5,030억 엔(-35.2%), 종업원 수는 47만 명(-35.2%) 감소할 것으로 예상한다.

7조 630억 엔의 부가가치를 생산하고 29만 명을 고용하던 철강산업의 부가가치는 5,290억 엔(-7.5%), 고용인원은 2만 2,000명(-7.5%) 줄어들 것으로 예상한다. 제조업 전체로는 부가가치 6조 9,780억 엔(-6.5%), 고용인원 60만 명(-5.6%)의 손실이 발생할 것으로 보인다.

현지 생산·소비로 바뀌는 자동차산업

자동차 수출도 타격이 불가피하다. 전기차 전환과 주요국의 자체 공급망 확보 정책 등으로 인해 중장기적으로 자동차는 현지에서 생산해 현지에서 소비되는 구조로 재편될 전망이기 때문이다. 매출의 60%를 해외에서 올리는 일본 자동차업체들의 대응이 시급할 수밖에 없다.

2021년 도요타는 해외에서 581만 대를 생산했다. 일본에서는 276만 대를 생산했고 62%인 172만 대를 수출했다. 스즈키는 일본에서 84만 대를 생산해 20만 대를 수출했다. 닛산과 혼다도 일본에서 각각 45만 대와 63만 대를 생산해 23만 대와 8만 대를 해외에 팔았다. 자동차가 현지에서 생산해 현지에서 소비되는 구조로 전환하면 많게는 자국 생산량의 절반 이상을 수출하는 기존의 생산체계를 바꿔야 할 것으로 예상한다.

전기차와 공유경제의 시대가 본격화하면 자동차는 독자적인 업종에서 하드웨어와 소프트웨어가 표준화한 가전제품의 한 분야로 바뀐다는 분석이 많다. 개인들의 차량 소유욕이 사라지면서 자동차는 '싸고 편리한 이동수단이거나 공간과 체험의 가치를 누리는 오락 수단'이 된다는 설명이다.

자동차의 모델 수도 감소한다. 제작방식도 완성차 업체를 정점으로 부품회사가 피라미드식으로 늘어서는 수직 계열화에서 주요 기업이 핵심 부품을 나눠서 만드는 수평분업 체제로 바뀔 것으로 보인다.

기존 완성차 업체는 자사 브랜드 차량을 생산하는 사업과 전기차를 위탁 생산하는 사업으로 나뉠 것이라고 보고서는 내다봤다. 완성차 업체가 자사 브랜드 사업과 위탁 생산 사업을 나눠 독자적으로 운영하는 시나리오도 예상된다. 보고서는 "자동차의 생산과 판매, 사용방식이 바뀌면서 일본 자동차업체들도 통합과 재편이 필요하다"라고 분석했다.

12
전기차로 전환하는 일본 자동차회사

2021년 세계 자동차업계의 주인공은 테슬라였다. 전기차 판매 1위에 오르며 세계 자동차기업 시가총액에서도 단숨에 1위에 올랐다. 전기차의 대명사 테슬라가 세계 최초의 전기차회사가 아니라는 점은 널리 알려진 사실. 그렇다면 세계에서 가장 먼저 전기차를 양산한 회사는 어디일까. 정답은 2009년 출시된 미쓰비시자동차의 아이미브다. 세계 최초의 양산형 전기차로 종종 언급되는 닛산자동차의 리프는 이듬해인 2010년 시판됐다.

10년도 더 전에 일본 완성차 업체가 한 곳도 아니고 두 곳이나 세계에서 가장 먼저 전기차를 양산했으니 지금쯤 일본은 전기차의 천국이어야 할 것 같다. 하지만 일본은 전기차의 불모지로 평가받는다. 2021년 일본 전체 승용차 판매 가운데 전기차 비중은 0.6%에 불과했다.

세계 최초로 전기차를 양산한 미쓰비시자동차는 2020년 전 세계 통틀어 전기차를 1,514대 팔았다. 자동차업계 63위다. 아이미브는 2021년 생산을 중단했다. 경차가 아닌 일본 승용차로는 세계 최초로 전기차를 양산하고 그동안 전기차를 주력으로 키워온 닛산도 6만 2,678대를 팔아 7위에 그쳤다. 혼다 34위(1만 2,294대), 마쓰다 40위(9,454대)는 물론이고, 1년에 자동차 1,000만 대를 파는 세계 최대 자동차회사 도요타의 전기차 판매실적도 9,134대로 41위에 불과하다. 1위 테슬라의 판매량은 45만 8,385대였다.

회사 컬러만큼 제각각인 전기차 전략

20세기 초반 자동차회사로 재빨리 변신하는 데 실패한 마차회사가 도태된 것처럼 전기차로 전환하지 않는 자동차회사는 살아남을 수 없는 시대가 됐다. 2050년 탈석탄 사회 실현을 목표로 내건 일본 정부도 2035년까지 신차(승용차 기준)를 모두 전기차로 전환한다고 발표했다. 이런 분위기를 반영하듯 2021~2022년 일본 자동차 대기업들이 잇따라 전기차 전략을 제시했다. 일본 자동차업체들의 개성을 반영하듯 전기차 전략도 제각각이어서 흥미롭다.

한마디로 정리하면 도요타는 전기차도 만들지만 하이브리드차, 수소엔진차 등 '차란 차는 다 만든다'로 정리할 수 있다. 닛산은 '지금까지 열심히 해왔지만 앞으로 더 열심히 한다'이고, 혼다의 전략은 '엔진 지상주의를 버리고 전기차만 만드는 전기차 전업회사로 완전 변신한다'이다. 그리고 전기차 시장 진출을 공식화한 소니는 '전기차에 소니 백화점을 차리겠다'로 요약할 수 있다.

도요타가 1997년 처음 출시한 하이브리드카 프리우스는 세계적으로 600만 대 이상 판매되면서 독자적인 시장을 구축했다. 2021년 미국시장에서 도요타는 232만 대의 신차를 판매해 미국의 자존심인 제너럴모터스(GM)를 89년 만에 제치고 1위에 올랐다. 75%는 가솔린엔진 차량이었고 나머지 25%를 차지한 친환경차의 90%가 하이브리드차였다. 일본에서도 엔진차가 65%, 하이브리드차가 34%를 차지한다.

이런 상황에서 도요타 아키오 도요타 사장은 어떤 결정을 내려야 할까. 1년에 1,000만 대를 팔며, 하이브리드카라는 든든한 시장을 다 버리고 현재 판매실적이 전체의 0.1%인 1만 대에 불과한 전기차에 올인해야 할까. 2021년 전기차 전략 발표회에서 한 기자는 "전기차를 좋아합니까, 싫어합니까? 사장으로서 답하기 어려우면 모리조(도요타 사장이 카레이서로 활동할 때의 이름)로서 답변해주십시오"라고 질문했다. 도요타 사장은 "대단한 질문이네요. 구태여 말씀을 드리자면 지금까지 도요타는 전기차에 흥미가 없었지만, 지금부터는 전기차에 흥미가 있다는 것입니다"라고 대답했다. 도요타 사장은 "전기차에 350만 대, 30차 종을 투입하는데 이래도 인정받지 못한다면 어떡해야 전기차에 적극 투자하는 회사로 평가 받을 수 있는지 알려주면 좋겠습니다"라고 말한다.

현재의 1등 자리도 지키면서 전기차 시장도 놓쳐서는 안 되는 도요타의 고민과 고뇌의 과정이 고스란히 담겨 있다.

도요타 '풀 라인업' 전략

세계 1위 자동차업체답게 도요타는 내세울 카드가 많다. 내연기관 자동차가 잘 팔리고, 독자적으로 구축한 하이브리드 시장이 있다. 수소연료를 사용해서 모터로 달리는 연료전지차(FCV)의 기술도 세계시장 전체의 61.6%를 갖고 있다. 31.8%의 현대자동차를 멀찍이 앞선다.

수소엔진 자동차도 도요타가 공을 들이는 분야다. 연료전지차(FCV)가 수소연료를 사용하지만 모터로 달리는 자동차라면 수소엔진 자동차는 기존의 엔진을 수소연료로 돌리는 시스템이다. 소니, 애플 같은 다른 업종의 기업이 전기차시장에 쉽게 진출할 수 있는 이유는 자동차업체들이 지난 140년간 쌓아온 엔진이라는 진입장벽이 모터에 의해 허물어졌기 때문이다. 수소연료로 엔진을 돌리는 수소엔진차는 도요타가 쌓아 올린 엔진 기술의 노하우를 고스란히 살리면서도 이산화탄소를 배출하지 않는 클린카다.

전기차 후발주자라고 해서 도요타의 전기차 기술력이 처지는 것도 아니다. 기존의 리튬이온배터리보다 화재 위험성이 낮고 주

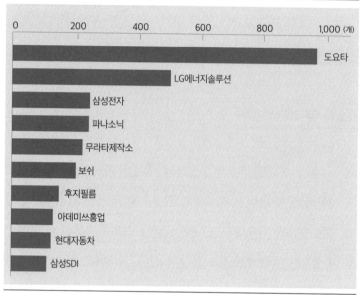

[그림 3-13] 전고체 배터리 국제특허 수

출처: 패턴트리절트

행거리가 2배로 늘어나는 전고체 배터리는 차세대 전기차 배터리로 주목받는다. 도요타가 보유한 전고체 배터리 특허는 약 1,000건으로 500여 건인 2위 LG에너지솔루션의 2배에 달한다([그림 3-13]).

'도요타은행'이라고 불릴 정도로 자금력도 월등하다. 향후 5년간 영업 현금흐름은 16조 6,000억 엔, 1년 내 현금화할 수 있는 유동자산은 24조 엔으로 세계 1위 자리를 놓고 경쟁하는 폭스바겐을 압도한다. '지금부터 전기차에 올인!'이라고 결정하면 전 세계 자동차기업 가운데 가장 많은 자금을 집중적으로 쏟아부을 수 있다는 의미다. 참고로 혼다와 닛산의 현금흐름은 5조 4,000억 엔과 4조 3,000억 엔으로 도요타의 20~30% 수준이다.

기존의 엔진차에 하이브리드, 플러그드인하이브리드(PHV), 연료전지차, 수소엔진차, 전고체 탑재 전기차까지 모든 카드를 보유한 도요타가 전기차에 올인하는 대신 전 차종을 다 선보인다는 '풀 라인업 전략'을 내세우는 이유다. 어쨌든 2021년 12월 14일 도요타는 2030년까지 전기차 세계 판매 대수를 350만 대로 끌어올리겠다는 목표를 공개했다. 200만 대였던 기존 목표에서 약 80% 높여 잡은 것이다. 10년 안에 전체 판매량의 3분의 1을 전기차로 바꾸겠다고 공언한 것이다. 이를 위해 친환경차 연구개발비와 설비투자 등에 2030년까지 8조 엔, 이 가운데 절반인 4조 엔을 배터리를 포함한 전기차에 투자하기로 했다.

30종의 전기차를 새로 출시하고, 고급차 브랜드인 렉서스는 2035년까지 전기차 전업회사로 전환하기로 했다. 파격적이긴 하지만 무게 중심을 여전히 내연기관 차량에 두고 있는 게 특징이다. 메르세데스벤츠, 볼보 등 글로벌 자동차회사는 2030년까지 전기차 전업회사로 변신하겠다고 선언했다.

도요타 아키오 사장은 2021년 3월 도요타공업학원 졸업식 축사에서 "최종적으로 어떤 차를 고를 것인가는 고객이 정하는 겁니다. 도요타는 풀 라인업의 다양한 차종을 내놓고 있기 때문에 고객 선택의 폭을 넓힐 수 있습니다"라고 말한다. 갑자기 무게 중심을 전기차로 옮기는 대신 현재 자신이 1등인 내연기관과 하이브리드로 최대한 돈을 벌면서 시장 판도의 변화에 따라 전기차 비중을 바꿔가겠다는 것이다.

'엔진의 혼다'가 엔진을 버린다

닛산은 도요타보다 2주가량 앞선 11월 29일 '장기비전'을 발표했다. 5년간 2조 엔을 투자해 친환경차 개발을 가속화하고, 2030년까지 전기차 15종을 포함해 23종의 친환경차를 선보인다는 내용이다.

2주 후 도요타, 다시 2주가량 뒤에 소니가 전기차 전략을 발표하면서 주목도가 낮아졌다. 1월 28일 르노·닛산·미쓰비시자동차 기업연합은 2030년까지 230억 유로를 투자해 전기차용 배터리 생산 능력을 20배 늘리고 35종의 전기차도 출시한다는 전략을 새로 발표했다. 미국을 제외한 모든 주요 시장에서 새로운 내연기관 개발을 중단하고 연구개발(R&D) 역량을 전기차 개발에 쏟아붓는다는 구상도 공개됐다.

일본에서 주목을 모으는 회사는 혼다다. 2021년 12월 세계 최고속 자동차를 겨루는 F1의 마지막 대회에서 우승을 차지한 혼다는 이튿날 모든 일간지에 전면 광고를 게재했다. 박찬호 선수가 은퇴할 때와 같이 '시대가 변했으니 어쩔 수 없지. 그래도 정말 고마웠어'라는 분위기였다. 혼다의 마지막 F1 대회였기 때문이다. 혼다는 2040년부터 엔진과 완전히 작별하고 전기차와 연료전지 차만 만들기로 했다. 미국과 유럽의 자동차가 주도하던 F1시장에 혼다는 후발주자로 뛰어들어 전설적인 성적을 거뒀다.

세계 최고 성능의 엔진을 겨루는 F1에서의 성적을 바탕으로 혼다는 자연스럽게 '엔진의 혼다'라는 평가를 받았다. 그런 혼다가 엔진을 버린다니 일본인들의 마음이 복잡할 수밖에 없다. '엔진의 혼다'답게 혼다는 그동안 철저하게 엔진차를 고집해왔다. 2020년 판매 차량의 89.1%가 가솔린차, 나머지 10.4%는 하이브리드차였다. 즉, 99.5%가 엔진으로 달리는 차였다.

전기차 전업회사 선언 원년인 2021년 혼다는 전기차 모델인 '혼다 e'를 내놨다. 깜찍한 외모에 주행거리도 283km로 준수해서 출시와 동시에 7,000대가 팔렸다. F1 강자의 전통을 내세워 혼다는 공기저항을 최소화한 설계 등으로 전기차 주행거리를 750km 까지 늘린다는 목표를 세우고 있다.

소니의 '움직이는 거실' 전기차

일본의 전기차 업체를 설명하면서 전자회사 소니를 빼놓을 수 없다. 2022년 2월 4일 세계 최대 IT·가전 전시회인 CES 2022에서 요시다 겐이치로 소니그룹 사장은 전기차 진출을 공식화했다. 오늘날 소니는 게임, 음악, 영화, 전자, 반도체, 금융 등 6개 사업 부문이 제각각 연간 1,000억 엔 이상의 영업이익을 올리는 사업 재편에 성공했다. 소니의 최대 과제는 사업 부문 간 협업이다.

CES 2022에서 요시다 사장은 "자동차의 가치를 '이동'에서 '엔터테인먼트'로 바꾸겠다"라고 선언했다. 이 말에 소니 전기차 전략의 모든 게 담겨 있다고 할 수 있다. 소니가 꿈꾸는 전기차는 자동차라는 이동수단이 아니라 '움직이는 거실'이다.

전기차를 움직이는 거실이라고 가정하면 소니의 6개 사업 부분이 다 같이 들러붙어서 실력을 발휘할 사업으로 이만한 게 없다는 설명이다. 자동차가 움직이는 거실이 되면서 탑승자는 편하게 즐길 수 있어야 한다. 이를 위해 전자 부문의 음향 및 디스플레이 기기들이 설치된 거실에 게임, 음악, 영화 부문의 콘텐츠가 상영된다.

소니의 반도체 사업부는 자동차의 눈 역할을 하는 CMOS라는 이미지센서를 만든다. [그림 3-14]를 보면 2020년 소니의 이미지센서 점유율은 45.1%로 2위인 삼성전자(19.8%)의 2배가 넘는다. 소니 전기차에는 이미지센서가 40개 이상 들어간다.

금융은 얼핏 자동차와 무관해 보이지만 자동차리스, 할부금융 등 자동차금융은 최근 금융업계의 알짜 산업으로 통한다. 전기차를 움직이는 거실로 만들기 위해 소니가 개발하려는 게 멀미를 안 하는 차다. 아무리 근사한 거실이라고 해도 탑승자가 멀미하면

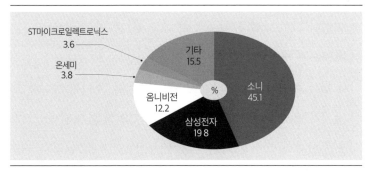

[그림 3-14] 이미지센서 시장점유율

ST마이크로일렉트로닉스
3.6

온세미
3.8

옴니비전
12.2

기타
15.5

소니
45.1

삼성전자
19.8

%

*2020년 매출 추정치 기준
출처: TSR

의미가 없어지기 때문이다. 그래서 이어폰이나 헤드폰의 주변 소음을 지우는 '노이즈 캔슬' 기술을 응용하고, 노면으로부터 받는 차체의 진동을 없애도록 서스펜션을 제어하는 기술을 개발하고 있다.

소니의 화상 센서와 영상, 음향기술, 콘텐츠를 결집하는 것이다. 전기차 시대가 열리면 자동차업계가 100년간 갈고 닦은 엔진 기술이 무의미해지면서 이종산업의 진입장벽이 낮아진다. 전자기술과 소프트웨어, 콘텐츠의 융합이 요구되는 전기차 시대를 소니는 100년에 한 번 올까 말까 한 기회로 보고 있다.

전기차라는 플랫폼에 소니의 전 사업부가 동원된 소니 백화점을 차릴 수 있는 셈이다. 과제도 산적해있다. 자동차회사가 아닌 소니는 먼저 차량을 양산할 수 있어야 한다. 일론 머스크 테슬라 CEO는 "시제품을 만드는 것은 비교적 간단하지만, 대규모 제조는 매우 어렵다. 제조 시스템 설계는 자동차 자체의 설계보다 100배 어렵다"라고 말했다. 시제차 한 대를 만드는 것과 차를 대규모로 생산하는 시스템을 갖추는 건 전혀 다르다는 얘기다.

두 번째는 전기차로 수익을 낼 수 있느냐다. 소니뿐 아니라 모든 전기차 업체에 해당하는 과제다. 미국 컨설팅 회사 알릭스파트너즈는 현재 전기차 한 대당 제조 비용이 1만 8,200달러로 가솔린차의 2.6배에 달한다고 추산했다. 그런데 세계 최대 모터회사인 일본전산의 나가모리 시게노부 회장은 "5년 후면 가솔린차와 전기차의 실력이 역전되고, 전기차가 가전제품처럼 일반화되는 2030년에는 차 값이 20% 수준으로 떨어질 것"이라고 예상했다.

자동차회사들이 제각각 엔진 등 핵심부품을 개발하는 내연기간의 시대와 달리 전기차 시대에 모터는 일본전산 등 몇 개 회사, 배터리는 LG에너지솔루션 등 일부 회사로 표준화된다. 이렇게 규모의 경제가 이뤄지면 가격 파괴가 일어난다고 한다. 이미 전기차 시장은 기존의 자동차 대기업과 소니, 애플 같은 이종산업 참가자, 중국 신흥기업 등이 생존 경쟁을 벌여야 하는 상황이다. 중국에서는 500만 원짜리 전기차가 큰 인기를 얻기도 했다.

소니뿐 아니라 기존 자동차업체들이 이러한 시장에서 수익을 낼 수 있느냐는 최대 과제다. 실제로 2019년 소니와 같이 가전을 기반으로 하는 영국 다이슨이 전기차 진입을 추진하다가 포기한 사례가 있다. 시장은 일본 자동차기업들의 전기차 전략을 어떻게 평가할까. 도요타의 흐름이 가장 좋은 것으로 본다. 도요타 주가는 2021년 32% 올랐다. 2021년은 자동차업체가 전기차 전략을 발표하면 주가가 오르는 '전기차 장세'가 이어졌기 때문이다. 폭스바겐은 52%, 테슬라는 50% 올랐으니 도요타가 경쟁사들보다는 높은 평가를 못 받았다고도 할 수 있다. 혼다와 닛산은 여전히 시장이 '과연 잘할 수 있을까'라는 의문을 품고 있는 모습이다.

13

해외에 팔리는
일본의 자부심

2021년 4월 14일 도시바의 구원 투수 구루마다니 노부아키 사장이 갑자기 사임했다. 영국계 사모펀드 운용사 CVC캐피털로부터 2조 3,000억 엔 규모의 인수 제안을 받은 지 8일 만이었다.

독자생존이냐, 매각이냐. 배의 운명을 좌우할 항로 결정을 앞두고 선장이 배에서 내리는 이례적인 사태. 그 기원은 2015년 도시바의 대규모 회계부정 사태로 거슬러 올라간다. 도시바가 2008~2014년까지 7년간 2,200억 엔의 이익을 부풀린 사실이 드러나면서 전현직(前現職) 사장 3명이 한꺼번에 사임했다. 일찌감치 이사회 중심의 경영체제를 도입해 '지배구조의 우등생'이라는 평가를 받았지만, 이 또한 허구였음이 밝혀졌다.

이듬해 미국의 원자력발전 자회사 웨스팅하우스에서 발생한 대규모 손실은 도시바의 지배구조뿐 아니라 재무구조까지 무너뜨렸다. 도시바가 2006년 인수한 웨스팅하우스는 가전 중심의 사업구조를 발전·인프라로 전환하기 위해 54억 달러를 쏟아부은 승부수였다.

웨스팅하우스로부터 7,000억 엔 이상의 손실을 떠안아 자본잠식에 빠진 도시바는 2017년 12월 6,000억 엔 규모의 증자를 했다. 2년 연속 자본잠식으로 인한 주식의 상장폐지를 막으려는 조치였다. 60여 곳에 달하는 해외 행동주의 펀드가 증자에 참여해 주주가 됐다. 결과적으로 상장폐지를 면하는 대신 분란의 씨앗을 심은 셈이 됐다.

배보다 배꼽이 더 큰 주주환원

행동주의 펀드는 경영활동 감시를 통해 기업의 불필요한 낭비를 막고 효율성을 높인다는 평가를 받는다. 반면 도시바는 행동주의 펀드에 지나치게 끌려다니는 것으로 보인다. 행동주의 펀드들은 도시바의 보유자금 운용법을 놓고 사사건건 경영진과 맞붙었다. 도시바는 인프라 기업을 인수·합병하는 데 1조 엔 이상을 투입해 성장동력을 확보하려 했다. 행동주의 펀드들은 그 돈으로 배당과 자사주 매입을 늘리라고 요구했다.

사장 연임이나 임원 선임에 대한 반발을 누그러뜨리고자 도시바는 2018년 6월 7,000억 엔, 2021년 주주총회에서 1,500억 엔의 주주환원 계획을 발표했다. 2017년 증자로 수혈한 자금보다 주주환원을 위해 쏟아부은 자금이 2,500억 엔 더 많다.

2022년 초에는 2년간 1,000억 엔이었던 주주환원 규모를 3,000억 엔으로 3배 늘렸다. 주주환원 규모가 도시바의 연구개발비와 맞먹는다. 늘어난 2,000억 엔은 비주력 계열사를 팔아서 마련한다. 〈산케이신문〉은 "벌어들인 이익 일부를 돌려주는 게 아니라 사업체를 팔아서 주주환원 자금을 마련하는 건 순서가 잘못됐다"라고 지적했다.

2017년 증자에 참여한 행동주의 펀드가 보유한 지분율은 지금도 25% 이상이다. 도시바의 1~2대 주주인 홍콩계 에피시모캐피털매니지먼트(보유지분 9.9%)와 3D인베스트먼트(보유지분 7.2%) 모두 매년 주주총회에서 경영진과 각을 세우는 대표적인 행동주의 펀드다. 일부에서 CVC의 인수 제안을 반긴 것은 펀드 주주와의 오랜 대립이 이처럼 회사 경쟁력을 갉아먹는 지경에 이르렀다고 판단했기 때문이다.

일본 대표 기업을 인수할 기회가 생기자 순식간에 글로벌 사모펀드들이 모여들었다. 세계 4대 사모펀드인 콜버그크래비스로버츠(KKR)를 비롯해 미국 아폴로글로벌매니지먼트, 캐나다 인프라 전문 펀드 브룩필드 등이 CVC보다 높은 가격에 인수를 제안할 것이라는 보도가 나왔다. 에너지와 인프라, 엘리베이터 등 안정적으로 수익을 내는 사업부 매출이 전체의 56%를 차지하는 도시바는 사모펀드들이 선호하는 매물이다.

구루마다니 사장 재직기간 동안 의료기기 사업부와 백색가전 사업부, 메모리반도체 사업부(현 기옥시아) 등을 매각하고, 7,000명을 정리해고하는 등 사업 재편도 마무리 단계였다. 도시바를 인수한 사모펀드는 기업가치가 오르기를 기다리기만 하면 된다는 의미였다.

성장 가능성도 밝았다. 도시바는 양자컴퓨터 시대의 필수기술인 양자암호 관련 특허(104건)를 세계에서 가장 많이 보유하고 있다. 무엇보다 사모펀드들의 기대치를 높이는 부분은 세계 2위 낸드플래시 메모리 반도체 업체인 기옥시아홀딩스(옛 도시바메모리) 지분 40%를 보유한 점이다. 미·중 마찰의 여파로 2021년 상장을 연기했을 때 기옥시아의 기업가치는 1조 5,000억 엔이었다. 코로나19 이후 반도체 부족 현상이 심각해지면서 기업가치가 3조 엔 이상으로 치솟은 것으로 보인다.

도시바의 주주인 홍콩 행동주의 펀드 오아시스매니지먼트도 CVC의 주당 인수가격이 최소 6,200엔 이상이어야 한다고 주장한다. 2대 주주인 3D인베스트먼트는 2021년 총회에서 도시바의 적정주가를 6,500엔 이상, 시총을 3조 엔으로 평가했다.

인수가격이 높아질수록 경영진이 매각에 반대할 여지가 작아진다. 146년 전통의 일본 대표 기업이 M&A로 부흥을 꾀했다가 M&A로 회사 전체를 넘기게 된 상황에 놓인 셈이다. 글로벌 사모

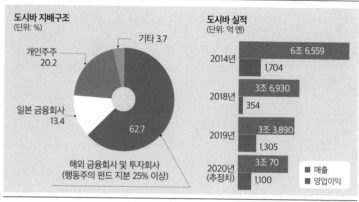

[그림 3-15] 도시바의 지배구조와 실적

도시바 지배구조
(단위: %)

기타 3.7
개인주주 20.2
일본 금융회사 13.4
62.7
해외 금융회사 및 투자회사
(행동주의 펀드 지분 25% 이상)

도시바 실적
(단위: 억 엔)

연도	매출	영업이익
2014년	6조 6,559	1,704
2018년	3조 6,930	354
2019년	3조 3,890	1,305
2020년 (추정치)	3조 70	1,100

■ 매출
■ 영업이익

출처: 도시바 IR 자료

펀드에 인수의 길을 열어준 구루마다니 사장은 2018년 도시바가 위기에서 구원해달라며 53년 만에 외부에서 모셔온 경영자였다. 도시바는 회사를 팔아넘기려 했던 구루마다니 사장을 밀어내고 같은 달 쓰나카와 사토시 사장을 새로운 CEO로 임명했다.

쓰나카와 사장은 "현 시점에서는 도시바가 상장기업으로서의 메리트를 살리는 편이 기업가치를 향상할 수 있다고 확신한다"라며 회사 매각에 반대한다는 뜻을 내놨다. 결국 CVC는 4월 21일 도시바에 "인수검토를 중단하겠다"라고 서면으로 통지했다.

쓰나카와 사장이 회사 매각 대신 내놓은 타개책은 기업분할 안이었다. 2021년 11월 도시바는 회사를 인프라서비스와 디바이스, 기옥시아 지분 40%를 보유한 관리회사 등 3개로 나누고 2023년 하반기에 재상장한다는 계획을 발표했다. 하지만 도시바의 지분

25% 이상을 보유한 행동주의 펀드들이 "미니 도시바 3개가 생겨날 뿐"이라며 반대 의사를 표명하자 계획이 휘청거렸다. 4개월 만인 2022년 2월 도시바는 디바이스 부문만 떼어 2분할 안으로 분할 계획을 수정했다. 공조 자회사인 도시바캐리어와 엘리베이터 사업부, 조명 사업부를 매각해 2,000억 엔의 자금을 마련하고 이 돈을 주주환원에 쏟겠다고도 약속했다([그림 3-15]).

산업경쟁력강화법 특례조치를 신청해 주주총회의 룰도 바꿨다. 특례조치를 인정받으면 주주 3분의 2 이상의 찬성을 얻어야 하는 특별결의 대신 50% 이상의 찬성만 있으면 되는 일반결의로 분할안을 통과시킬 수 있다. 그런데도 도시바는 과반의 지지를 얻는 데 실패했다. 도시바는 "3월 24일 개최한 임시 주주총회에서 회사가 제안한 기업분할안이 주주들의 지지를 50% 이상 얻지 못해 부결됐다"라고 발표했다.

샤프 이후 6년 만에 매물이 된 도시바

도시바가 제안한 기업분할안이 좌초되면서 일본 대표 전자회사의 매각을 막을 수 있는 장치는 사실상 사라졌다. 2022년 5월 30일 도시바는 회사 매각을 위한 예비 입찰을 했다. 베인캐피털 등 글로벌 사모펀드 등 8곳이 입찰에 참여했다.

7월 20일에는 8곳의 인수 후보 가운데 일본산업파트너스(JIP)

와 베인캐피털, CVC캐피털파트너스, 브룩필드 등 4곳을 적격인수후보(쇼트리스트)로 선정했다. 인수전이 글로벌 사모펀드 3곳과 정책금융회사 성격이 강한 일본계 사모펀드 한 곳의 4파전으로 압축됐다. 10월 초 실시한 본입찰에는 일본 국부펀드인 일본투자공사(JIC)와 베인캐피털, MBK파트너스 컨소시엄과 JIP 및 오릭스, 주부전력 등 일본 대기업 컨소시엄 등이 참여했다.

베인캐피털은 2018년 SK하이닉스와 공동으로 도시바의 메모리반도체 사업부인 기옥시아를 인수한 사모펀드다. JIP는 일본 3위 금융그룹인 미즈호파이낸셜그룹과 일본 최대 통신회사인 NTT의 자회사 NTT데이터, 컨설팅회사인 베인앤드컴퍼니재팬이 공동 설립한 일본계 사모펀드다. 2014년 미즈호파이낸셜그룹이 보유 지분을 매각하면서 독립 사모펀드가 됐다. JIC와 컨소시엄을 이루어 도시바 인수전에 참여했다.

인수 후보들은 대주주의 보유 지분을 인수하면 잔여 지분의 공개매수를 실시해 도시바를 상장폐지할 계획인 것으로 알려졌다. 도시바의 현재 시가총액은 2조 3,500억 엔 수준이다. 경영권 프리미엄을 고려한 전체 인수가격은 3조 엔에 달할 전망이다.

남은 변수는 일본 정부의 승인이다. 원자력발전소 등 경제안보 관련 사업을 운영하는 도시바를 인수하려면 일본 정부의 승인이 필요하다. 일본 정부는 "도시바는 원자력발전, 반도체 등 국가 안전보장과 관련한 중요한 기술을 보유한 기업"이라며 "해외 투자자들을 엄격하게 심사할 것"이라고 말했다.

인수전의 양상이 어떻게 진행되든 사모펀드가 도시바를 인수하는 구조는 변화가 없을 것으로 내다본다. 2016년 샤프가 대만 폭스콘에 매각된 이후 6년여 만에 일본 대표 기업이 팔려나가는 충격이 반복되는 것이다.

14

일본 산업부흥의 첫걸음,
도시바 분할

"1960년대 일본기업에 패한 미국기업들이 했던 것처럼, 일본의
전자기업들도 한국과 경쟁에서 패한 2000년대 기업분할에 나서
야 했다."

전자기업 전문 애널리스트 출신으로 20년 전부터 일본 전자
대기업 해체를 주장한 사토 후미아키 산업창성어드바이저리 대
표의 주장이다. 2021년 11월 12일 쓰나카와 사토시 당시 도시바
사장 겸 CEO는 기업설명회에서 도시바를 3개 회사로 분할하고
2023년 하반기 각각 상장한다는 중기경영계획을 발표했다.

도시바를 인프라서비스와 디바이스, 남은 도시바 그룹(도시바 반
도체) 등 3개 회사로 나누는 것이 분할안의 핵심이다([그림 3-16]).
2021년 3월 24일 임시 주주총회에서 분할안이 부결되면서 도시
바는 매각의 길을 걷고 있다. 하지만 일본 대표 전자회사가 스스

[그림 3-16] 도시바 분할안

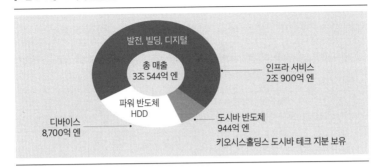

발전, 빌딩, 디지털

총 매출
3조 544억 엔

인프라 서비스
2조 900억 엔

파워 반도체
HDD

디바이스
8,700억 엔

도시바 반도체
944억 엔
키오시스홀딩스 도시바 테크 지분 보유

출처: 도시바 IR 자료

로 기업분할을 시도한 자체만으로도 일본 재계에 던지는 의미는 핵폭탄급으로 보인다. 한국 재계로서는 간담이 서늘한 일이기도 했다. 일본 대기업들이 고질병인 '복합기업 디스카운트(경영의 비효율 때문에 기업 전체 가치가 계열사 가치의 합보다 낮은 현상)'를 해소할 수 있다면 회사를 쪼개는 것을 포함해 뭐든지 하겠다고 선언한 것이기 때문이다. 전문가들은 도시바 분할이 일본 종합전자회사 시대의 폐막을 선언했다고까지 의미를 부여한다.

비행기와 배가 함께 달리는 경영

일본인들에게 도시바는 각별한 기업이다. 1875년 창업한 이 회사는 1960년 일본 최초의 컬러TV, 1985년 세계 최초의 노트북 등을 개발한 회사다. 일본인의 생활은 물론 세계인의 생활을 바꿔놓은 기업이다. 소니, 파나소닉과 함께 도시바는 1980~1990년대 세계를 제패했다. 일본 대표 전자회사들은 원자력발전소부터, 건전지, 주방용품에 이르기까지 문어발 확장을 계속했다. 복합기업, 종합전자회사 시대의 개막이다. 복합기업은 일본경제를 미국에 맞먹는 경제대국으로 이끄는 데 공헌했다. 다양한 사업을 운영하면 일부 사업의 업황이 나빠져도 전체적으로 안정적인 경영이 가능했기 때문이다([그림 3-17]).

기업 규모가 커질수록 수익의 규모도 늘어나고, 수익이 커질수록 좀 더 큰 규모의 설비투자가 가능했다. 세계를 제패하는 대기업은 인재를 모으기도 쉬웠다. 반면 기업이 너무 커지면서 복합기업의 폐해가 나타났다. 워낙 많은 사업을 벌이다 보니 각 사업부끼리 시너지 효과를 내는 대신 기업가치를 상쇄하기 시작했다. 그 결과 기업 전체의 가치가 각 사업부의 기업가치 합보다 작아지는 기현상이 나타났다. A, B, C 사업부의 가치가 각각 1인 'ㄱ그룹'의 가치가 3이 아니라 2.5나 2가 된 것이다.

주식시장에서 기업의 가치가 각 사업부 가치의 합보다 적게 평가되면서 주가도 부진한 현상을 복합기업 디스카운트라고 한다. 도시바는 복합기업 디스카운트에 시달리는 대표적인 기업이었다. 사업마다 특성이 다른데 제각각인 사업을 한 번에 경영하려니 경영 판단도 늦어지기 일쑤였다.

인프라서비스 사업부는 전력회사나 지방자치단체 등 특정 고

[그림 3-17] 문어발 확장을 계속하는 복합기업

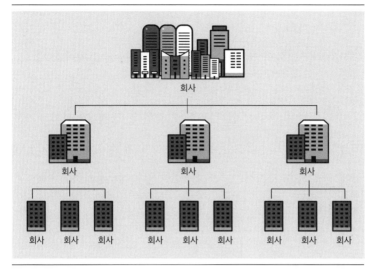

회사

회사　　회사　　회사

회사　회사　회사　　회사　회사　회사　　회사　회사　회사

출처: 저자 제공

객을 대상으로 중장기 사업을 진행하는 부문이다. 반면 디바이스 사업부는 단기적인 시황에 따라 실적이 급변하고 그때마다 거액의 설비투자가 필요하다.

도시바는 비행기와 배를 묶어서 함께 달리는 경영을 계속해온 셈이다. 쓰나카와 사장은 "세계적으로 반도체 부족 현상이 장기화하기 전에 반도체 사업부의 설비투자 결정을 반년 정도 빨리 내렸어야 했다"라고 아쉬워했다. 복합기업의 폐해가 그대로 드러난 사례다. 그런데도 보수적인 일본 경영인들은 복합기업 디스카운트를 해소하는 데 매우 소극적이다. 일본 정부는 2017년 기업분할이 가능하도록 세제를 개정했다. 지금까지 이 제도를 활용한 기업은 고시다카홀딩스라는 중견 기업 한 곳뿐이었다.

기쿠치 마사토시 미즈호증권 수석 주식 전략가는 〈니혼게이자이신문〉에 "일본의 경영자들은 기업분할을 통해 순익이 늘어나는 작은 회사가 되는 것보다 이익률은 낮지만, 매출이 큰 기업이 좋다고 판단하는 경향이 있다"라고 지적했다. 경제산업성이 500사 이상의 경영자에게 실시한 조사에서 22%가 "성장성은 없지만 매출에 공헌하는 자회사는 적자를 내지 않는 한 정리하기 어렵다"라고 답했다.

이익률 높은 거대 전업 기업

이런 경영 풍토에서 일본 대표 기업 도시바가 기업을 3개로 쪼개겠다고 선언한 것이다. 자연스럽게 다른 복합기업들도 뒤를 따를

[그림 3-18] 대규모화와 다각화가 진행될수록 영업이익률이 떨어지는 일본기업

다각화도 \ 규모	소규모	중간 규모	대규모	거대 규모
전업 기업	8.8%	5.9%	6.5%	7.0%
준전업 기업	7.4%	5.3%	6.2%	6.2%
준다각화 기업	6.2%	5.7%	5.2%	4.7%
다각화 기업	5.1%	5.4%	5.4%	3.0%

*토픽스지수 구성 종목의 2000~2012년 평균. 다변화도는 최대 사업 매출액이 전체에서 차지하는 비율, 규모는 매출액으로 분류, 경제산업성 위탁조사.
출처: 딜로이트토마츠컨설팅

것이라는 예상이 나온다. 분할된 기업의 주가는 오르는 경향이 있다. 기업분할한 회사들로 구성된 S&P미국스핀오프(기업분할) 지수는 2006년 말 산출을 시작한 이후 5배 올랐다. 같은 기간 S&P500 지수는 3.3배 올랐다. 도쿄증시 1부시장 상장사를 규모별, 다각화 정도에 따라 16개 그룹으로 나눠서 분석해도 규모가 크고 문어발 확장을 한 기업일수록 이익률이 떨어진다(그림 3-18).

매출 500억 엔 이하, 최대 사업부의 매출 비중이 90% 이상인 '소규모 전업 기업'의 지난 12년 평균 영업이익률은 8.8%였다. 매출이 2조 엔 이상이고 최대 사업의 매출 비중이 50% 이하인 '거대 다각화 기업'의 영업이익률은 전체 그룹에서 최저인 3.0%였다. 반면 거대 기업이면서 전업 기업의 영업이익률은 7%로 세 번째로 높았다. 바로 분할한 도시바가 여기에 해당한다. 2019년 다우듀퐁은 회사를 듀퐁, 다우, 코르테바로 3분할했다. 특수산업재를 담당하는 듀퐁의 시가총액은 줄었지만, 소재를 담당하는 다우와 농업을 담당하는 코르테바의 시가총액은 각각 13%, 42% 증가했다.

일본 전자기업들의 사업 재편

도시바를 시작으로 일본 복합기업들이 분할을 통해 기업가치를 끌어올리면 칼끝이 한국을 향할 수 있다고 한다. '복합 전기회사

해체론'을 주장하는 사토 산업창성어드바이저리 대표에 따르면 미국기업들이 가장 활발하게 사업 분할을 했던 시기가 1990년대였다.

1980년대까지 문어발 확장으로 전성기를 누리다가 일본기업에 주도권을 넘겨준 시기다. 소니, 파나소닉, 도시바에 밀린 미국기업들은 적극적으로 기업을 분할해 그룹을 해체하고, 자금과 인력을 살아남은 사업에 집중시켰다. 그 결과 미국에서는 파괴적 혁신의 환경이 만들어졌고, GAFA로 대표되는 거대 테크기업을 탄생시킨 기반이 됐다.

사토 대표는 "일본의 전자산업도 한국과 중국 등 아시아기업과 경쟁에서 패한 2000년대 미국과 같이 해야 했다. 도시바의 복합기업 해체는 너무 늦었다고 말할 수 있지만, 반드시 통과하지 않으면 안 되는 길이자 일본 산업부흥의 첫걸음"이라고 분석했다. 일본 복합기업들이 지금이라도 해체를 해서 경쟁력을 키우면 삼성전자와 LG전자를 추격할 수 있다고 본 것이다.

실제로 일본 전자기업들은 적극적인 사업재편을 통해 부활을 꿈꾸고 있다. 소니와 파나소닉은 사실상 지주회사로 전환했다. 히타치는 22개에 달했던 상장 자회사를 10년에 걸쳐 모두 팔거나 100% 자회사화했다.

'서울 집중'이 한국의 최대 리스크

"언제 또 다른 코로나바이러스가 확산할지 모르는데 한국은 수도 서울 집중도가 일본보다 심각하다. 기업 스스로 분산을 통해 위험을 낮추지 않으면 한국의 가장 큰 약점이 될 것이다."

오야마 겐타로 아이리스오야마 회장은 코로나19 확산 이후 일본에서 가장 주목받는 기업인으로 꼽힌다. 아이리스오야마가 2020년 초 일본에서 벌어진 마스크 품귀 현상을 해소한 일등 공신으로 떠오르면서다.

일본 정부의 공급망 재편(리쇼어링) 정책 1호 기업에 선정된 아이리스오야마는 중국의 생산시설을 일본으로 옮겨 월 1억 5,000만 장의 마스크를 생산했다. 오야마 회장은 재일동포 3세다.

19세이던 1965년 물려받은 영세 플라스틱 공장을 56년 만에 매출 6,900억 엔의 기업으로 키웠다. 한국증시 시가총액 15위 LG생활건강과 맞먹는 규모다. 〈한국경제신문〉과 화상 인터뷰를 한 오야마 회장은 출산율 통계부터 입시 전쟁, 취업난 등까지 한국의 사정을 꿰뚫고 있었다.

○ 최근 한국사회를 어떻게 보는가?

한국이 '한강의 기적'을 만들 수 있었던 것도 모든 국민과 기업인이 전쟁의 핸디캡을 극복한 결과 아닌가. 유감스럽게도 한국과 일본에서 모두 젊은이의 핸디캡이 사라졌다. 세계적인 관점에서 보면 동북아 국가는 중국이라는 강대국이 이웃해 있다는 엄청난 핸디캡을 갖고 있는데도 말이다.

○ 일본기업과 비교할 때 한국기업의 경쟁력은 무엇인가?

제2차 세계대전의 패배로부터 일어서자는 에너지가 일본을 일으켜 세운 것처럼 한국도 전쟁의 폐허를 극복하려는 강한 에너지가 '한강의 기적'을 만들었다고 생각한다. 한국기업은 후발주자로서 일본을 따라잡으려는 의욕이 강하다. 이제 에너지가 충분히 채워졌다고 본다.

○ 사업하면서 느끼는 일본기업의 경쟁력은 무엇인가?

산업구조는 일본기업의 경쟁력이자 약점이다. 일본 가전이 한국에 따라잡힌 원인에 양국 기업의 약점과 경쟁력이 반영돼 있다. 일본은 메이지유신 이래 중소기업을 육성하는 데 주력했다. 그 결과 하청기업이 엄청나게 발달했다. 일본의 대형 가전업체는 해외 기술을 차용해 일본식으로 개조한 뒤 하청업체들에 부품 생산을 맡기기만 하면 됐다. 하청업체 부품을 사들여 조립하는 '어셈블리 업종'이 된 것이다. 이 덕분에 세계와의 격차를 매우 빨리 메웠다.

○ 하청업체가 발달한 게 약점이 되기도 했나?

하청업체로부터 조달받은 부품을 조립해서 판매하니 리스크는 낮았다. 아이디어와 기술만 있으면 제품을 생산하는 데 문제가 없었다. 하지만 세계 무대에서의 경쟁력은 뒤처졌다. 스피드와 가격경쟁력 면에서 한국과 중국에 따라잡히고 말았다.

◑ 한국기업의 경쟁력은 무엇인가?

일본에 비해 하청업체가 발달하지 않은 핸디캡이 한국기업의 경쟁력이 됐다. 제품의 기획부터 설계·제조까지 스스로 책임지는 내재화율을 높이는 결과로 이어졌다. 리스크를 직접 떠안아가며 사업을 하니까 경쟁력이 높을 수밖에 없다.

◑ 한국사회의 약점은 무엇이라고 보나?

한국은 일본보다 수도에 대한 집중도가 더 심각하다. 한국은 수도 기능을 이전할 것이 아니라 기업을 분산시켜야 한다. 기업 스스로가 각 지역으로 하루빨리 분산해야 한다. 언제 또 다른 코로나바이러스가 밀어닥칠지 모르는데 집중의 리스크를 분산으로 해결하지 않으면 한국의 가장 큰 약점이 될 것이다.

◑ 서울 집중도가 약점으로 작용하는 이유는 무엇인가?

사실 수도 집중도가 높아지면 기업으로서는 좋다. 효율성이 높기 때문이다. 하지만 직원에게는 좋지 않다. 물가가 비싸고 집값이 오른다. 그 결과 회사는 점점 성장하지만 개인의 생활은 그다지 풍족해지지 않는다. 표면적으로는 윤택해 보일지 몰라도 집값과 교육비가 엄청나게 들어간다. 그러니 아이를 낳지 않으려고 한다.

◑ 기업 스스로 분산할 이유는 없지 않을까?

일본과 달리 한국은 내수 시장 규모가 작다. 그러다 보니 기업 구조가 수출에 지나치게 의존하게 됐다. 한국의 무역수지가 흑자를 이어가고 기업의 시가총액은 커졌지만 개개인의 삶은 풍족해지지 않았다. 지금처럼 월급 대부분을 집값과 교육비로 쓰게 되면 개인 소비가 늘지 않고 생활도 나아지지 않는다. 한국 국민의 생활 기반을 풍족하게 해서 소비력을 높이지 않으면 안 된다. 결단을 내려야 할 때다.

◐ 한국의 공급망 재편 정책을 어떻게 평가하나?

내수시장을 키우지 않으면 한국기업의 해외 공장을 애써 한국에 되돌려도 의미가 없다. 한국기업의 베트남 공장에서 제품을 만들어 다시 한국으로 수입하는 상품은 한국에서 만들어도 문제가 없지 않나. 이런 기업에는 인센티브를 제공해 한국으로 유턴시켜 국내의 고용을 늘리는 편이 낫다. 하지만 한국기업 대부분은 중국과 동남아시아에서 생산한 제품을 미국과 유럽에 수출하지 않나. 이들을 한국으로 데려오면 경쟁력만 사라질 뿐이다.

◐ 일본 취업을 꿈꾸는 한국 젊은이가 많은데 어떻게 생각하나?

아이리스오야마 한국 법인을 통해 매년 대졸자를 채용하면서 느끼는 것이지만 한국 학생은 브랜드주의가 너무 강하다. 따지고 보면 대기업도 원래는 중견·중소기업이었다. 최근 10년간 한국 학생의 도전정신이 크게 떨어진 게 느껴진다. '좋은 대학교를 나왔으니 나는 훌륭하다'라는 착각을 하고 있다.

◐ 미국식 지배구조에 대해 우려했는데 어떠한가?

한국과 일본 모두 전후 미국의 금융자본과 기술에 힘입어 성장했다. 제품을 미국에 팔아 성장하고, 주식을 상장하면 미국의 금융회사나 펀드가 주식을 보유하는 구조였다. 그 결과 기존 상장사 대부분의 주요 주주가 금융회사와 펀드다. 미국식 금융자본주의 체제가 된 것이다.

◐ 금융자본주의가 문제인가?

회사를 설립 목적에 따라 운영하기보다 이익과 배당을 우선시할 수밖에 없다. 대주주들이 압박하기 때문이다. 이제는 한·일 기업 모두 자립할 힘이 있다. 주주가 소유권을 가지지만 매출을 발생시키고 이익을 얻는 건 주주가 아니라 경영자와 사원이다.

◎ 기업가 정신이 약해졌다고 우려하는데 어떠한가?

일본기업은 성장하면 곧 상장해버린다. 상장이 나쁘다고 생각하지는 않지만, 눈앞의 경영실적에 연연하는 것은 사실이다. 전후 70년이 지나면서 패전의 핸디캡을 가진 오너 기업이 사라지고 우수한 샐러리맨이 임기 4~6년의 경영자가 되고 있다. 이들은 장기적인 관점에서 기업을 경영할 수 없다. 눈에 보이는 과제를 해결하는 데는 매우 뛰어나지만 보이지 않는 사업 기회를 포착하거나 글로벌 관점에서 회사 경영은 할 수 없다. 그러니 당면 과제를 해결했는데도 세계 무대에서는 뒤처지는 상황이 벌어진다.

PART 4

나이 들고 무기력한 나라의
우울한 미래

인구와 사회

01

모든 분야에서
약해진 일본

코로나19가 세계적으로 확산한 2020년 이후 지난 2년 동안 일본인의 자국 국력에 대한 자신감이 크게 떨어진 것으로 나타났다. 정치·경제·군사 등 7개 항목의 국력을 묻는 질문에 6개 항목에서 '일본은 약하다'라는 응답이 '강하다'보다 압도적으로 많았다.

2022년 3월 7일 〈니혼게이자이신문〉이 2018년부터 매년 실시하는 국력 평가 여론조사에 따르면 일본인들은 모든 분야에서 일본의 국력이 약해졌다고 평가했다. 기술력과 함께 일본인들의 자신감을 떠받치던 경제력은 '약하다'라는 응답이 43%로 '강하다'(20%)의 2배가 넘었다.

2018년 첫 조사에서는 '일본경제가 강하다'는 응답이 37%지만 '약하다'라는 응답은 11%에 그쳤다. 반면 코로나19 확산 2년째인 2021년 '일본경제가 약하다'라는 응답이 32%를 기록해, 28%

로 떨어진 '강하다'를 처음 앞질렀다. 2021년 일본 경제성장률은 1.7%로 5%를 넘은 미국과 EU보다 크게 낮았다. 코로나19의 충격으로부터 경제가 회복하는 속도가 주요 경제국 가운데 가장 더딘 것으로 나타나면서 일본인들의 자신감을 떨어뜨린 것으로 보인다.

자신감 꺾인 50대와 기술력

2018년 조사에서 일본경제에 대한 자신감이 가장 강했던 50대의 '강하다'는 응답이 50%에서 20% 초반까지 떨어졌다. 〈니혼게이자이신문〉은 "1990년대 초반 거품경제 전후에 입사한 50대들은 정년을 맞아 재취업을 고민하는 시기"라며 "코로나19로 크게 악화된 고용환경을 실감하기 때문"이라고 설명했다.

[그림 4-1]을 보면 정치력('강하다' 5%·'약하다' 58%), 군사력('강하다' 9%·'약하다' 50%), 외교력('강하다' 5%·'약하다' 61%), 교육력('강하다' 21%·'약하다' 33%) 부문에서 '일본이 약하다'라는 평가가 압도적이었다. 유일하게 '강하다'가 더 많았던 기술력에 대한 자신감 또한 2018년 75%에서 코로나19를 거치며 58%까지 떨어졌다.

탄탄한 사회 인프라를 바탕으로 안전하고 안심할 수 있는 나라라는 점을 강조하는 일본이지만 미래를 향한 불안도 커진 것으로 나타났다. '노후에 대한 불안을 느낀다'라는 응답이 76%인 반면

[그림 4–1] 자국의 국력에 대한 일본인들의 평가

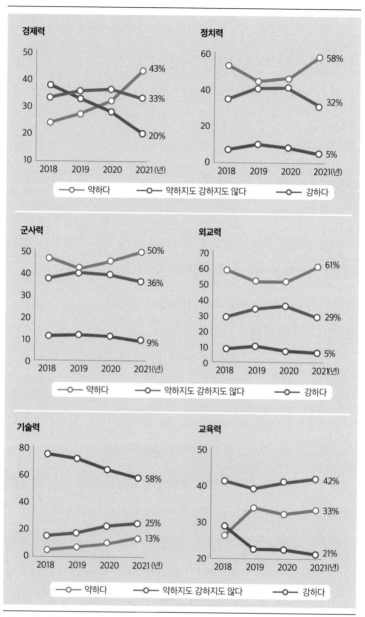

출처: 〈니혼게이자이신문〉

'느끼지 않는다'라는 응답은 9%에 그쳤다.

또한 '1년 후 생활필수품 가격이 오를 것'이라는 응답이 82%로 1년 만에 13%포인트 상승했다. 원자재 가격 급등에 따라 세제와 화장지 등 생활용품 가격이 잇따라 인상된 영향이라고 설명한다. 그러나 '반년 후 세대의 수입이 오를 것'이라는 기대는 9%에 그쳤다. 물가가 가파르게 오르지만 소득은 제자리걸음이어서 일본 GDP의 절반 이상을 차지하는 소비가 얼어붙을 가능성이 높을 것으로 보인다.

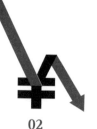

02

상승 욕구가 사라진 것이
가장 큰 리스크다

"일본기업들은 좀처럼 움직이려 하지 않는 리스크가 있습니다."

2013년 9월 세계 4대 사모펀드 운용사 콜버그크래비스로버츠(KKR)의 설립자 가운데 한 명인 헨리 크래비스는 미국 뉴욕을 방문한 아베 신조 당시 총리에게 이렇게 말했다.

아베 총리가 의기양양하게 "바이 마이 아베노믹스(Buy my Abenomics)"라며 일본 투자를 권하던 때 찬물을 끼얹은 셈이다. 일본의 경영인들이 실패를 두려워한 나머지 구조개혁을 미루고 있다는 게 크래비스가 말한 '움직이지 않는 리스크'였다.

꿈도 없고, 자기주장도 없는 일본인

같은 달 일본을 방문해서도 크래비스의 쓴소리는 이어졌다. 한 인터뷰에서 그는 "일본인들을 대상으로 설문조사를 해보길 바란다. 먼저 '꿈이 있습니까?'이고, 다음은 '꿈을 실현하기 위해 행동합니까'라는 질문을 해보라"라고 말했다. 크래비스는 이미 10여 년 전 활력을 잃어가는 일본과 일본인을 꿰뚫어보고 있었다.

2022년 5월 일본경제산업성이 발표한 〈미래인재비전 백서〉에 따르면 '장래의 꿈을 갖고 있다'라고 답한 일본의 18세 고교생 비율은 60%로 주요국 가운데 가장 낮았다. 중국과 미국 고교생의 96%와 94%가 꿈을 갖고 있다는 것과 대조적이었다. 한국의 18세 청소년도 82%가 꿈을 갖고 있었다.

'자신이 국가와 사회를 바꿀 수 있다'라고 답한 일본의 18세 청소년은 18%에 불과했다. 미국과 중국은 66%, 한국이 40%였다. 중고교 시절 미래의 진로를 결정한 일본 학생은 3.8%에 불과했다. 66%가 대학 졸업반 무렵이 되어서야 장래 희망을 정했다. 미국과 한국 학생의 25.2%와 17.8%가 중고교 시절부터 진로를 정한 것과 대조적이었다.

2022년 5월 〈아사히신문〉이 구독자들을 대상으로 실시한 설문조사 결과도 비슷하다. '(청소년기 장래에) 유명해지고 싶었습니까?'라는 질문에 응답자의 73%가 '유명해지고 싶지 않았다'라고 답했다. '눈에 띄고 싶지 않다(820명)', '자신에겐 그럴 힘이 없다고 생각한다(564명)', '유명해지면 행동에 제약이 심해질 것 같다(541명)', '주목받는 것이 싫다(535명)' 등의 이유였다. '유명해지는 건

이익일까요?'라는 물음에 70%가 '이익이라고도, 손해라고도 보기 어렵다', 16%가 '손해다'라고 답한 데서도 적극성을 잃어가는 일본인의 성향을 확인할 수 있다.

일본인들은 자신의 의견을 펼치는 데도 지극히 소극적이다. 일본 최대 광고기획사 덴쓰 계열의 덴쓰종합연구소와 이케다 겐이치 도시샤대학교 교수가 공동으로 벌인 '세계 가치관 조사'에서 '불매운동에 참여한 적이 있다'라는 일본인은 1.9%였다. 77개 조사대상국 가운데 70위였다.

1위인 아이슬란드인은 35.2%, 2위 스웨덴인은 23.5%가 불매운동에 참여한 적이 있었다. 미국인도 5명 가운데 한 명 이상(21.5%)이 불매운동에 참여했다. '평화적인 시위에 참여한 적이 있다'라는 응답도 5.8%로 69위에 그쳤다.

15~29세 일본 젊은 세대 1,500명을 대상으로 벌인 조사에서도 63.2%가 '사회운동에 참여한 적이 없다'라고 답했다. '얼굴이나 이름이 드러나는 데 저항감이 있다'(22.2%)가 사회운동에 참여하지 않는 가장 큰 이유였다. '참가할 지식이 부족하다'(21.6%)라는 자신감 부족형이 뒤를 이었다. 20~30대 젊은층의 경우 '시위는 사회 전체에 폐를 끼치는 것'이라거나 '시위는 자기만족이나 개인적인 원한으로 참가하는 것'이라는 응답이 50~60%에 달했다.

세계에서 가장 무기력한 직장인

직장인도 무기력하다. 인재정보회사인 파솔종합연구소가 아시아·태평양 14개국의 직장인을 대상으로 벌인 조사에서 일본인들은 '현재의 직장에서 계속 일하고 싶다(52%)'와 '이직(25%)이나 창업(16%)하고 싶다'라는 응답자 비율이 모두 최저였다. 일본 직장인들은 지금 하는 일에 애착도 없지만 그렇다고 회사를 박차고 나가서 새로운 도전을 해보고 싶다는 에너지도 없는 셈이다.

인도는 '현재의 근무지에서 계속 일하고 싶다'라는 응답이 86%에 달했다. 중국과 베트남은 80%를 넘었다. 한국, 싱가포르, 대만의 직장인 약 70%도 '현재 근무하고 있는 직장을 떠날 생각이 없다'라고 답했다. 한편 한국의 직장인 가운데 이직이나 창업을 희망하는 응답자는 각각 40%와 30% 수준으로 일본 직장인의 2배였다.

미국 갤럽의 종업원 근로의욕(인게이지먼트) 지수에서도 일본은 5%로 세계 139개국 가운데 132위였다. 세계 평균은 20%, 미국과 캐나다 등 북미 지역은 34%였다. 아시아권에서는 몽골이 35%로 가장 높았다. 중국(17%)과 한국(12%)도 일본의 직장인보다 근로 의욕이 2~3배 높았다. 일본 최대 인재정보 회사인 리크루트는 "일본인에게 수동적인 성실함은 있어도 자발적인 적극성은 빠져 있다"라고 분석했다.

주요국 가운데 가장 느린 승진이 근로의욕을 떨어뜨리는 요인 가운데 하나다. 일본 직장인들의 과장 진급 연령은 평균 38.6세, 부장은 44세였다. 중국은 28.5세에 과장, 29.8세에 부장으로 승진 했다. 미국도 34.6세면 과장이 되고 37.2세에 부장 자리를 꿰찼다.

가뜩이나 일할 의욕이 없는데 승진까지 느리니 자기개발에 적극적일 이유도 없었다. '별다른 자기개발을 하고 있지 않다'라는 일본의 직장인 비율은 46%로 주요국 가운데 가장 높았다. 한국은 약 15%, 베트남은 2%에 불과했다. 거의 모든 베트남과 한국의 직장인들이 퇴근 후에도 자신의 능력개발을 위해 학원에 다니거나 뭔가를 배운다는 뜻이다.

상승 욕구를 거세한 디플레

직원들의 투자에 극도로 인색한 일본기업의 풍토는 일본인을 더욱 무기력하게 만들고 있다. GDP 대비 기업의 인재투자 규모가 미국은 1995~1999년 1.94%에서 2010~2014년 2.08%로 늘었다. 프랑스(1.78%)와 독일(1.20%), 이탈리아(1.09%) 등도 15년 전과 비슷한 수준을 유지했다. 반면 일본기업들은 1995~1999년 GDP의 0.41%에 불과했던 인재투자 규모를 2010~2014년 0.1%로 더욱 줄였다.

일본의 경영인들이 무기력한 직원들을 독려하는 것도 아니다.

경쟁에서 밀린 조직원이나 부진한 사업부를 과감하게 정리하지 못하는 온정주의가 강하기 때문이다. 그렇다고 부진한 인재와 사업을 진심으로 키우지도 못하기 때문에 경영자원의 분배가 이뤄지지 않는다.

이토 구니오 히토츠바시대학교 CFO교육연구센터장은 "일본의 경영인들이 '사람 좋다'는 말의 의미를 잘못 이해하기 때문"이라고 말했다. 사업은 점점 쇠퇴하는데 사원은 '가이고로시(飼い殺し, 쓸모없는 사람을 해고하지 않고 평생 고용함) 상태가 돼 회사와 직원 모두에게 이득이 되지 않는 상황이라고 설명한다. "대다수 일본기업에서 이렇게 무기력한 상태가 오랫동안 계속된 결과 오늘날 일본이 정체 상태에 빠진 것"이라고 이토 센터장은 분석했다.

제2차 세계대전 패전 직후 잿더미로부터 불과 30여 년 만에 세계 2위 경제대국으로 올라선 일본인들은 왜 이렇게 무기력해졌을까. 많은 전문가는 디플레이션을 주된 원인 가운데 하나로 지적한다. 20년 넘게 소득도, 물가도 오르지 않는 디플레이션의 사회가 한때 일본인의 내면에서 불타던 상승 의욕을 거세했다는 것이다.

후카가와 유키코 와세다대학교 경제학과 교수는 "월급이 잘 오르기보다 종신고용이 보장되는 직장을 절대적으로 선호하는 점은 예나 지금이나 변함없다"라며 "구성원의 상승 의욕을 사라지게 만드는 것이야말로 디플레의 무서움"이라고 말했다.

디플레의 시대 일본인의 행복지수는 절대 낮지 않았다. 모두의 월급봉투가 그대로였던 대신 물가도 오르지 않았기 때문에 경쟁은 덜 치열했고, 삶은 안정적이었다. 하지만 실질임금이 마이너스로 돌아선 글로벌 인플레이션의 시대에 자신도 알아차리지 못하는 사이 의욕을 잃어버린 일본인의 자화상은 일본의 미래를 어둡게 만들고 있다.

거품경제 붕괴 이후 오랜 정체 상태에 빠져 있을 때 주변국들이 급성장한 것은 일본인의 자신감을 더욱 떨어뜨리고 있다. '오늘과 똑같은 내일'에 익숙해진 일본인들이 '오늘과 다르지 않으면 살아남지 못하는 내일'을 맞아 혼란스러워하는 이유다.

03

164개 마을은
왜 사라졌을까

2022년 3월 말 방문한 오이타현 나카츠에무라(村) 미야하라 부락의 첫인상은 일본의 여느 농촌 마을과 다를 게 없었다. 산모퉁이의 작은 마을이지만 아스팔트 도로가 가로지르고 있어 접근성도 나쁘지 않았다. 미야하라가 특별한 것은 인구가 단 한 명인 마을이라는 점이다.

10여 년 전 아랫집 주민이 고령으로 세상을 뜬 이후 올해로 87세인 니시 야스코 씨가 이 마을의 유일한 주민이다. 한 달에 한두 번 병원 정기검진과 2주치 식료품 구입을 겸해 읍내에 갈 때를 제외하면 줄곧 마을에서 홀로 지낸다(그림 4-2).

한류 드라마를 시청하는 낙으로 오전 시간을 보내고, 오후에는 텅 빈 마을 공터까지 산책하러 나간다. 그는 "아랫마을 큰 도로까지 나가봐야 빈집뿐이라 만날 사람도 없다"라고 말했다. 니시 씨

[그림 4-2] 오이타현 나카츠에무라 미야하라 부락의 단 한 명뿐인 주민 니시 야스코 씨

가 세상을 뜨면 미야하라 마을은 사라진다.

인구 유지를 포기하는 지자체

인구가 한 명뿐인 마을은 일본에서 희귀한 사례가 아니다. 일본 총무성에 따르면 2015~2019년까지 4년 동안 주민이 모두 사라지면서 소멸한 마을이 일본 전역에 164곳이다. 가까운 장래에 사라질 가능성이 있는 마을은 3,622곳에 달한다. 시코쿠와 주고쿠(히로시마, 야마구치 등이 속한 지역) 지역의 경우 주민 절반 이상이 65세 이상 고령자인 마을이 40%를 넘는다.

지금까지 일본의 기초자치단체들은 인구를 유지하는 데 사활을 걸었다. 이주 정착금, 출산 축하금 등 다양한 지원제도를 내걸고 이주자 유치에 안간힘을 썼다. 최근 들어서는 인구 유치를 포기하는 지자체가 속출하고 있다. 주변 지역과 주민을 뺏고 뺏기는 인구 쟁탈전을 벌였을 뿐 대도시의 젊은 세대가 유입되지는 않았기 때문이다. 인구는 늘지 않고 재정만 파탄이 났다([그림 4-3]).

2017년 아이치현 신시로시 시장 선거는 인구 쟁탈전을 이어갈지가 쟁점이 됐다. 2005년 5만 2,000명이었던 인구가 10년 만에 5,000명 줄면서 대도시권인 아이치현에서 유일하게 '소멸 가능성이 있는 도시'에 지정됐다.

호즈미 료지 후보는 "인구감소에 맞춰 각종 공공시설을 줄이는 대신 인구 쟁탈전에 투입하던 예산을 삶의 질을 높이는 데 쓰

[그림 4-3] **일본 인구와 고령화율**

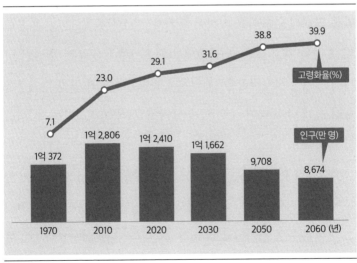

*고령화율은 65세 이상 인구 비율
출처: 일본 총무성

겠다"라고 주장해 인구의 'V자 회복'을 공약으로 내선 상대 후보를 눌렀다. 2021년 11월 임기 만료로 퇴임할 때까지 호즈미 시장은 이 지역 20개 초등학교를 13개로 통합하는 등 인구구조 변화에 맞게 신시로시를 개조했다.

미야하라 마을이 속한 나카츠에무라에서도 '마을을 품위 있게 사라지게 하자'라는 운동이 벌어지고 있다. 1972년 이 지역의 유일한 산업이던 금광이 폐쇄된 후 7,000명이 넘었던 나카츠에무라 인구는 600여 명으로 줄었다.

각종 지원금 제도를 내걸고 이주민을 유치하려다 재정이 크게 악화했다. 그래서 인구 쟁탈을 위해 소모전을 벌이느니 안심하고 편안하게 살 수 있는 환경을 갖추는 게 낫다는 인식을 공유하는 주민들이 많아졌다. 주민들은 나카츠에 마을 만들기 사무소를 조직해 장례식장을 마을 가까이 유치하고 사망 절차 교육, 재난 대피 훈련을 하고 있다. 나카츠에무라 읍사무소 공무원 출신인 나가세 에이지 사무국장은 "체념이나 절망이 아니라 어차피 인구를 늘리는 게 안 된다면 품위 있게 살 수 있도록 지원하자는 것"이라고 말했다.

지금까지 인구감소는 사회문제로 취급됐다. 최근 들어서는 일본이 '잃어버린 30년' 장기침체에서 벗어날 수 있을지와 직결되는 경제 문제로 인식되고 있다. 인구는 장기 디플레이션의 유일한 탈출구인 소비를 결정하는 요소이기 때문이다. 도쿄 특파원에 부임 후 관찰한 일본의 모든 문제는 인구감소 때문이라고 봐도 틀리지 않았다.

일본 정부의 10여 년에 걸친 무제한 재정확장·금융완화 정책이 통하지 않는 것도 "인구감소가 정책의 허리를 잘랐기 때문"이라고 〈니혼게이자이신문〉은 분석했다. 무역적자가 커지는데 인구의 감소로 내수시장이 무너지는 것은 일본에 치명타를 줄 수 있다. 일본 GDP에서 소비가 차지하는 비중이 60%에 달하기 때문이다.

역대 정부도 인구감소 속도를 늦추는 데 총력을 기울여왔다. 2017년 아베 신조 전 일본 총리는 인구감소를 "북한 문제와 함께 일본의 2대 국난"으로 지정했다. 스가 요시히데 전 총리 내각에서 총리 직속 자문기구인 성장전략 회의 멤버였던 데이비드 앳킨슨 전 골드만삭스 애널리스트도 "일본이 직면한 최대 과제는 저출산·고령화와 인구감소"라고 말했다.

내각부에 따르면 일본의 잠재성장률이 4%를 넘었던 1980년대 인구 증가의 플러스 효과가 0.6%포인트에 달했다. 2000년대 들어 상황이 반전됐다. 인구감소가 잠재성장률을 −0.3%포인트 끌어내리면서 일본의 잠재성장률은 0%대에 머물러 있다. 미쓰비시종합연구소는 "인구감소로 인해 2040년이면 일본의 잠재성장률이 마이너스로 전환할 것"이라고 예상했다.

2025년이 오지 않기를 바라는 나라

2025년이면 800만 명에 달하는 전후 베이비붐 세대 전원이 75세 이상의 고령자가 된다. 이 해 일본의 인구구조는 65세 이상 고령자의 비율(30.3%)이 14세 이하 청소년 비율(11%)을 크게 웃도는 항아리 형태가 된다.

후생노동성은 2021년 7월 "2025년까지 간병 인력을 32만 명 늘릴 필요가 있다"라고 발표했다. 2040년이면 부족한 간병 인력은 69만 명으로 늘어난다. 간병 인력이 부족하다 보니 일본에선 노부모를 돌보고자 직장을 그만두는 '간병 이직'이 경제적인 문제로 떠오르고 있다. 연간 10만 명이 간병을 위해 사표를 던지고 있어 기업의 인재 유출이 심각해지고 경제 활력이 떨어지고 있다. 후생노동성은 간병 이직으로 인한 일본경제의 손실을 연간 6,500억 엔으로 추산했다. 2020년 10조 7,000억 엔이었던 간병 비용은 2040년 25조 8,000억 엔까지 늘어날 것으로 보인다.

한편 경제산업성은 2030년 일본의 IT 인재가 최대 79만 명 부족할 것으로 전망한다. 인구감소로 만성적인 인력 부족에 시달리는 일본이 IT 인재를 제때 공급하느냐는 국가경쟁력을 좌우할 과제로 평가된다. 가뜩이나 부족한 노동력이 고부가가치 업종 대신 대표적인 저임금 업종인 간병 인력으로 흘러들어 가는 것은 일본 정부의 고민이다.

저출산·고령화의 속도는 일본 정부의 예상을 넘어서고 있다. 2040년 일본은 고령자 한 명을 생산연령 인구 1.4명이 부양하는 사회가 된다. 1970년 처음 1억 명을 돌파한 일본 인구는 80년 만인 2050년이면 9,000만 명에 턱걸이할 전망이다. 인구 1억 명 사수는 일본의 명운이 걸린 문제다. 일본의 모든 사회·경제적 구조가 인구 1억 명 이상의 시장을 전제로 짜여 있기 때문이다.

일본 인구가 1억 명을 유지하려면 최대한 빨리 출산율을 2.07명 이상으로 높여야 한다고 일본 정부는 분석했다. 2020년 일본의 출산율은 1.34명으로 5년 연속 하락했다. 1975년 2명 선이 무너진 후 45년째 한 명대를 벗어나지 못하고 있다.

04

일본의 생산인구가
줄고 있다

일본의 16~64세 생산인구 비중이 제2차 세계대전 직후 수준까지
떨어졌다. 저출산·고령화로 인한 생산인구감소가 30년째 정체
상태인 일본경제의 또 다른 골칫거리로 떠오르고 있다. 일본 총무
성은 2020년 국세조사 결과 생산연령인구가 7,509만 명으로 5년
전 조사보다 227만 명 줄었다고 2021년 12월 1일 발표했다. 생
산인구가 가장 많았던 1995년(8,716만 명)보다 13.9% 줄었다. 1975
년의 7,581만 명을 밑돌았다.

세계 최저인 15세 미만 인구

전체 인구에서 차지하는 비중은 59.5%로 1950년 이후 70년 만에
60% 선이 무너졌다. 제2차 세계대전 직후인 1945년 58.1% 이후

가장 낮은 수준이다. 1945년 일본의 생산인구 비중이 역대 최저 수준을 기록한 원인이 전쟁이었다면 2020년은 저출산·고령화였다.

5년 전 조사보다 15세 미만 인구는 1,503만 명으로 5.8% 줄었고, 65세 이상 인구는 3,603만 명으로 6.6% 늘었다. 15세 미만 인구는 역대 최저, 65세 이상 인구는 역대 최고치를 기록했다. 전체 인구에서 65세 이상 인구의 비중을 나타내는 고령화율도 28.6%로 5년 만에 2%포인트 상승하며 역대 최고치를 기록했다.

일본은 15세 미만 인구 비율이 11.9%로 세계 최저였다. 한국(12.5%)과 이탈리아(13.0%)보다 낮았다. 65세 이상 고령인구 비중(28.6%)은 이탈리아(23.3%), 독일(21.7%)을 넘어 세계 최고였다. 전체 인구는 1억 2,614만 6,099명으로 2015년에 이어 2회 연속 감소했다. 1,719개 기초 지방자치단체의 82.5%에서 인구가 줄었다. 47개 광역 지자체 가운데 인구가 늘어난 곳은 도쿄와 가나가와, 사이타마 등 8곳에 불과했다.

2022년 출생아 숫자가 처음으로 80만 명을 밑돌 가능성이 커 인구의 감소세가 더욱 두드러질 전망이다. 일본 정부는 2050년 생산인구 비중이 48%까지 줄어들고 2054년 전체 인구가 1억 명을 밑돌 것으로 예상한다. 생산인구의 감소는 일본경제를 정체의 늪에서 헤어나지 못하게 만들고 있다. 일본의 2022년 3분기 실질 경제성장률은 전 분기 대비 -0.8%로 두 분기 만에 역성장했다.

명목 GDP는 537조 엔으로 코로나19 확산 이전인 558조 엔을 회복하지 못하고 있다. 일본의 GDP는 30년째 500조 엔 수준에 머물러 있다.

노동의 경제성장 기여도 '0'

2010년대 들어 일본 정부는 고령자와 여성의 취업을 늘려 생산인구의 감소를 보완하고 있다. 2021년 취업자 수는 6,676만 명으로 10년 전보다 6% 증가했다. 하지만 대부분 비정규직·저임금 근로자인 여성과 고령자의 취업을 늘리는 전략도 한계에 다다랐다고 전문가들은 분석한다. 일본 내각부는 2010~2020년 취업자 수와 노동시간 증가가 경제성장률에 이바지한 효과가 '제로(0)'였던 것으로 추산했다. 1980년대는 노동 분야가 연평균 0.7%씩 경제성장률을 끌어올렸다.

일본경제가 생산인구 감소의 충격을 완화하려면 1인당 생산성을 높이는 것이 급선무다. 2020년 일본인 근로자 한 명이 1시간 동안 생산한 부가가치는 48.1달러로 G7 가운데 꼴찌였다. OECD 평균(54.0%)보다도 5달러 이상 낮았다.

전문가들은 생산성을 높이고자 디지털 개혁과 AI와 같은 첨단 기술 활용, 규제 완화, 생산성이 높은 업종으로의 인력 전환 등이 시급하다고 지적했다. 국세조사는 인구와 취업실태를 파악하려고 총무성이 5년마다 한 번씩 실시한다. 조사원 방문이나 우편으로 인구를 직접 파악하기 때문에 가장 정확한 조사로 인정받는다. 일본 정부는 주민표를 기준으로 총무성이 매년 집계하는 인구동태조사와 후생노동성이 출생아 숫자에서 사망자 숫자를 빼서 매월 집계하는 인구동태총계를 통해서도 인구를 파악한다.

05

일본 인구수 붕괴의 가속화

2966년 10월 5일 일본의 어린이(0~14세)는 한 명만 남는다. 새로운 생명이 태어나지 않는 미래 세계를 다룬 영화 〈칠드런 오브 맨〉이 그린 2027년이 가상의 공간이라면, 도호쿠대학교의 '어린이 인구 시계'는 현실이다.

일본의 출산율이 이대로라면 2022년 6월 4일 7시 17분 8초 기준 1,460만 5,012명인 일본의 어린이는 매초 줄어들어 34만 4,912일 11시간 16분 35초 후 한 명이 된다([그림 4-4]).

출산은 상상도 못하는 미혼 여성, 4명 중 한 명

일본 후생노동성은 2021년 출산율이 1.30명으로 6년 연속 감소했다고 발표했다. 2020년보다 0.03명 줄었다. 일본의 인구를 유지하

[그림 4-4] 도호쿠대학교의 '어린이 인구 시계'

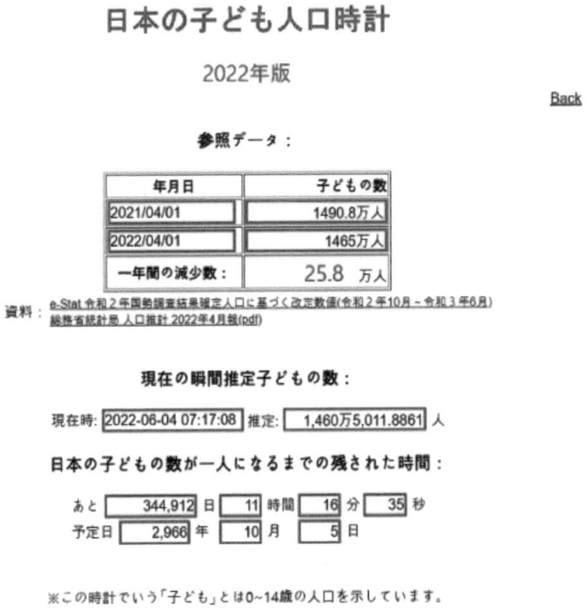

日本の子ども人口時計

2022年版

Back

参照データ :

年月日	子どもの数
2021/04/01	1490.8万人
2022/04/01	1465万人
一年間の減少数 :	25.8 万人

資料 : e-Stat 令和2年国勢調査結果確定人口に基づく改定数値(令和2年10月～令和3年6月)
総務省統計局 人口推計 2022年4月報(pdf)

現在の瞬間推定子どもの数 :

現在時 : 2022-06-04 07:17:08 推定 : 1,460万5,011.8861 人

日本の子どもの数が一人になるまでの残された時間 :

あと 344,912 日 11 時間 16 分 35 秒
予定日 2,966 年 10 月 5 日

※この時計でいう「子ども」とは0～14歳の人口を示しています。

출처: 도호쿠대학교

고자 필요한 출산율 2.06명은 물론, 정부 목표치인 1.8명에도 크게 못 미쳤다. 출산율이 1.5명 미만이면 초저출산국으로 분류된다.

2021년 출생아 수는 81만 1,604명으로 1년 전보다 2만 9,231명 줄었다. 통계가 남아 있는 1899년 이후 122년 만에 최소다. 출생아 수가 6년 연속 최저치 기록을 이어가고 있다. 후생노동성은 "15~49세 여성 인구가 감소한 데다 20대의 출산율이 떨어졌기 때문"이라고 분석했다. 일본 정부의 예상보다 7년 빨리 출생아 수가 81만 명대로 줄었다. 2049년으로 예상한 '일본 인구 1억 명 붕괴' 시점도 앞당겨질 것으로 보인다.

코로나19로 결혼이 줄어든 것도 출산율 하락으로 이어졌다. 2021년 일본의 결혼 건수는 50만 1,116쌍으로 제2차 세계대전 이후 최소였다. 코로나19 확산 이전인 2019년보다 10만 쌍 줄었다. 미국과 유럽 국가들의 출산율이 2021년부터 회복된 것과 대조적이다. 미국의 2021년 출생아 수는 366만 명으로 7년 만에 증가했다. 출산율도 1.66명으로 0.02명 늘었다. 프랑스의 2021년 출산율도 1.83명으로 전년보다 0.01명 증가했다.

일본은 젊은층의 결혼과 출산 의욕이 심각하게 떨어진 것이 문제다. 인구 1,000명당 혼인율이 2019년 4.8에서 2020년 4.3, 2021년 4.1로 계속 하락하고 있다. 부부가 갖고 싶어 하는 아이의 수도 지난 30여 년간 줄어들어 2015년 2.01까지 떨어졌다. 후지나미 다쿠미 일본종합연구소 수석연구원은 〈니혼게이자이신문〉과 인터뷰에서 "미혼여성의 4분의 1이 '출산하는 인생을 상상할 수조차 없다'라는 생각을 한다"라고 말했다.

초저출산국 일본보다 심각한 한국

가사와 육아의 부담이 여성의 출산 의욕을 떨어뜨리는 요인이다. OECD 조사에 따르면 일본 여성은 가사와 육아에 쏟는 시간이 일본 남성보다 5.5배 많다. OECD 평균은 2배를 넘지 않는다. 한국도 여성의 가사·육아 노동시간이 남성의 4배를 넘었다.

내각부의 2021년 조사에서 '아이를 키우기 좋은 나라인가?'라는 질문에 '그렇다'라고 답한 비율이 스웨덴은 97.1%, 프랑스와 독일은 각각 82.7%, 77.0%였다. 일본은 38.3%에 불과했다. 일본은 출산율이 1.57명으로 제2차 세계대전 이후 최저치를 기록한 1990년부터 저출산 대책을 펼치기 시작했다. 30년간 저출산 대책을 실시했지만 2019년 육아 지원 등 사회복지 지출규모는 GDP의 1.73%에 그쳤다. 스웨덴(3.4%)과 프랑스(2.88%) 등 상대적으로 출산율이 높은 나라들에 비해 크게 뒤진다.

초저출산국 일본이지만 한국에 비하면 사정이 훨씬 낫다. 한국의 2020년 출산율은 0.84로 세계 최저 수준이다. 일본의 출산율이 6년째 하락했다고는 하지만 20년째 1.3~1.4명 사이에서 유지되고 있다. 사상 최저 기록인 2005년 1.26명보다 여전히 높다. 반면 한국은 1.2명대였던 출산율이 0.84명까지 곤두박질치는 데 5년밖에 걸리지 않았다.

한·일 양국 모두 출산 후 육아 지원에 집중된 저출산 대책을 개선해야 한다는 지적이 나온다. 젊은층의 결혼과 출산 의욕을 높이는 정책이 필요하다는 것이다. 마쓰다 시게키 주쿄대학교 교수는 "소득 수준이 낮은 젊은 세대에 경제적인 지원을 늘려야 결혼과 출산도 증가할 것"이라고 말했다.

06

114년 만에 징역형이
없어진 이유

오카야마현의 오카야마시는 2020년 11월 앉아서 노역할 수 있는 양호작업장을 세웠다. 고령의 수감자들을 위한 시설이다. 서서 일하는 일반 작업장에서 고령의 수감자가 쓰러지는 사례가 늘어나는 데 따른 대책이다.

도쿄도 후추시에 있는 후추형무소는 2021년 5월부터 징역형을 받은 수감자가 의무적으로 하는 노역을 '기능향상 작업'으로 일부 대체했다. '작업'이라는 이름이 붙었지만 재활훈련에 가깝다. 사이클 기계에서 페달을 밟거나 보자기 공을 던지는 등 신체와 인지능력을 향상하는 프로그램이 대부분이다.

3년 후부터는 일본의 모든 수감자는 노역 대신 기능향상 작업과 비슷한 재활훈련을 받게 된다. 일본 정부는 2022년 3월 8일 징역형과 금고형으로 나뉘어 있던 수감제도를 구금형으로 통합하기로 했다. 일본의 형벌제도가 바뀌는 것은 1908년 형법 제정 이래 114년 만에 처음이다.

재범률도 더 높은 고령자

강제노역 대신 재활훈련을 시키는 것은 수감자들이 너무 늙어 버렸기 때문이다. 전체 수감자 가운데 65세 이상 고령자 비율이 1989년 2.1%에서 2020년 22.8%로 10배 늘었다. 수감자 4명 가운데 한 명이 고령자이다 보니 일반적인 노역을 감당하기 어렵다고 교정당국은 하소연한다. 징역형의 노역 의무를 시키기 위해 궁여지책으로 고령 수감자들에게는 종이접기 같은 단순 작업을 시키는 실정이다.

반대로 금고형을 받은 수감자들은 노역 의무가 없다 보니 신체와 인지능력이 급격히 쇠퇴하는 문제가 나오고 있다. 이 때문에 금고형 수감자 대부분이 자원해서 단순 노역 작업을 하는 형편이라고 〈아사히신문〉은 전했다.

고령자의 재범률이 높은 현실도 일본 정부가 징역형을 구금형으로 대체하는 이유다. 고령 수감자가 출소 후 1년 내 재수감되는 비율은 20%로 전체 평균의 15.7%를 웃돌았다. 고령인 데다 의지할 사람도, 변변찮은 기술도 없이 사회로 나가다 보니 또다시 죄를 짓고 형무소로 돌아오는 비율이 높다는 것이다. 구금형 도입으로 형무소 본래의 목적인 교정 효과도 높아질 것으로 일본 정부는 기대했다.

출산 포기한 연봉 500만 엔 미만 세대

수감자의 고령화와 함께 저출산·고령화가 일본이 극복해야 할 큰 과제임을 보여주는 또 다른 사례는 젊은층의 소득 격차 확대다. 내각부가 2022년 2월 발표한 〈일본경제의 현상 분석과 전망〉 미니백서에 따르면 25~29세의 지니계수가 2002년 0.240에서 2017년 0.250으로 올랐다. 30~34세는 0.311에서 0.318로 상승했다. 수치가 클수록 소득 격차가 커졌음을 나타낸다. 내각부는 "비정규직 근로자 비율이 상승하고 노동시간은 감소했기 때문"이라고 설명했다. 반면 모든 연령층의 지니계수는 2007년 0.416에서 2017년 0.414로 완만하게 줄었다. 소득 격차가 출산에 직접적인 영향을 미친다는 사실도 다시 한 번 확인됐다.

[그림 4-5]를 보면 부부와 자녀로 구성된 세대의 연간소득 중간값(제일 아래 그래프)은 2014년 493만 엔에서 2019년 550만 엔으로 늘었다. 흥미로운 점은 자녀가 있는 세대 내에서의 양극화였다. 연간소득이 500만 엔 미만인 세대의 비율이 뚝 떨어진 반면 800만 엔 이상의 세대는 소폭 늘었다. 2014년 연간소득이 400만~499만 세대의 비율(회색 선)은 약 15%였다. 2019년에는 이 비율

[그림 4-5] 25~34세 세대유형별 소득분포

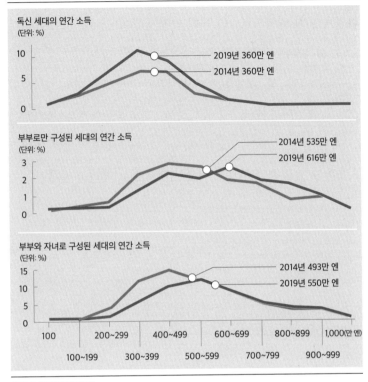

독신 세대의 연간 소득
(단위: %)

2019년 360만 엔
2014년 360만 엔

부부로만 구성된 세대의 연간 소득
(단위: %)

2014년 535만 엔
2019년 616만 엔

부부와 자녀로 구성된 세대의 연간 소득
(단위: %)

2014년 493만 엔
2019년 550만 엔

출처: 〈니혼게이자이신문〉

(빨간색 선)이 10% 미만으로 떨어졌다. 내각부는 "연간소득이 500만 엔에 못 미치는 세대는 출산 선택이 어려워진 것으로 분석된다"라고 밝혔다.

2019년 기준 자녀 없이 부부로만 구성된 세대의 연간소득 중간값은 616만 엔으로 자녀가 있는 세대보다 더 높았다. 맞벌이 부부가 늘어난 영향으로 풀이된다. 독신 세대의 연간소득 중간값은 360만 엔으로 5년간 변화가 없었다. 하지만 젊은 세대의 비혼화와 만혼화 영향으로 1인 세대 자체가 많이 늘어난 것으로 나타났다. 젊은층은 결혼하지 않고 소득이 500만 엔 미만으로 제자리인 가정은 자녀를 낳지 않으면서 일본의 저출산은 더욱 심각해질 것으로 보인다. 아마노 가나코 닛세이기초연구소 선임 조사원은 〈니혼게이자이신문〉과 인터뷰에서 "출산과 육아 지원뿐 아니라 미혼화를 막는 것이 주요한 저출산 대책이 됐다"라고 말했다.

07

서울보다 저렴한
도쿄 지하철의 어린이 요금

도쿄 세타가야구에 사는 나가마치 도시아키 씨는 2022년이 되면서 도쿄 3대 민영 전철 가운데 하나인 오다큐선을 타는 횟수가 부쩍 늘었다. 초등학교 2학년생 딸 아야나 양의 요금이 50엔으로 대폭 인하된 덕분이다.

오다큐는 2022년 3월 12일부터 초등학생 요금을 전 구간 50엔(교통카드 이용 시)으로 낮췄다. 지금까지는 성인 요금의 반값이었다. 2021년 나가마치 씨가 아야나 양과 오다큐선 지토세후나바시역에서 신주쿠역까지 가려면 성인 220엔, 어린이 110엔을 합쳐 330엔이 들었다. 2022년 3월부터는 부녀의 요금부담이 270엔으로 60엔 줄었다.

수도권 알짜노선도 5년 내 인구감소

오다큐선 시점과 종점인 신주쿠에서 오다와라(82.5km) 구간의 어린이 요금은 445엔에서 50엔으로 90% 인하됐다. 서울 지하철의 초등학생 기본요금은 450원이다. 거리비례 요금제에 따른 82km 구간은 1,050원으로 오다큐가 서울의 반값이다.

오다큐는 어린이 요금 인하로 연간 2억 5,000만 엔의 수입이 줄 것으로 예상했다. 철도와 항공산업은 코로나19의 피해를 가장 크게 받았다. 대규모 적자를 낸 일본 철도회사들도 고사 위기를 맞았다. 민간 철도회사들은 역 주변 쇼핑몰과 호텔 자산을 팔아서 근근이 버티고 있다. 한푼이 아쉬울 때 오다큐가 연간 25억 원의 손실 감수를 결정한 것은 인구감소가 코로나19보다 더 무섭기 때문이다. 하루 유동인구가 일본 1위인 신주쿠와 도쿄에 이어 인구가 두 번째로 많은 광역 지방자치단체인 가나가와현을 연결하는 오다큐선은 수도권 알짜노선이다.

노선 주변의 인구는 매년 증가해 인구감소는 남 일 같아 보였다. 하지만 국립사회보장·인구문제연구소와 공동 연구 결과 2020년 518만 명까지 늘었던 노선 주변 인구가 5년 내 감소하는 것으로 나타났다. 2035년이면 주변 인구가 502만 명까지 줄어들 것으로 예상했다. 오다큐는 코로나19로 인한 일시적인 이용자 감소보다 노선 주변 인구의 감소를 더 심각한 문제로 봤다. 3년 전부터 태스크포스팀(TFT)을 만들어 대책을 마련한 결과물이 '초등학생 요금 전 구간 일률 50엔'이다. 무료 방안까지 검토했지만 타사 노선으로 갈아탈 때 운임 계산에 지장을 줄 우려 때문에 포기했다.

초등생 요금 인하 전략의 핵심은 눈앞의 이익을 포기하는 대신 미래 수요를 확보하겠다는 것이다. 도쿄와 수도권도 조만간 인구가 감소할 것이라는 점은 명백한 사실. 일찌감치 어린이 고객을 선점해 성인이 됐을 때도 오다큐 노선 주변에 계속 거주하거나 다른 지역에서 이주해오도록 유도하겠다는 전략이다.

오다큐 관계자는 〈산케이신문〉과 인터뷰에서 "어릴 때부터 노선 주변에 살았던 어린이들은 오다큐선에 대한 애착이 크다"라며 "성인이 되어 가정을 이룰 때 다시 이 지역으로 돌아와 정착할 것으로 기대한다"라고 말했다. 일상생활에서 철도가 차지하는 비중이 크고, 지역 노선에 대한 애착이 강한 일본 문화를 반영한 '미래에의 포석'으로 평가된다. 오다큐가 일정 기간 초등학생을 100엔에 무제한 탑승할 수 있는 실험을 해봤더니 전체 승차권 판매수가 1.7배 늘었다. 동반 성인 승객까지 늘었기 때문이었다. 오다큐 관계자는 "승객이 늘면서 오다큐그룹의 역 주변 상업 시설 매출도 늘었다"라며 "집객 효과가 가격인하로 인한 수입 감소보다 크다는 분석"이라고 말했다.

오다큐의 발 빠른 전략에 나머지 민영 전철회사들도 인구감소

대응을 서두르고 있다. 게이오전철은 어른과 어린이가 신주쿠에서 다카오산 구간 승차권을 세트로 사면 500엔으로 320엔 할인하는 캠페인을 벌였다. 도큐전철은 노선 주변에 65세 이상 인구가 급증할 것으로 보고 60세 이상 승객을 대상으로 한 달간 2,000엔에 무제한으로 전철을 탈 수 있는 승차권을 한정 판매했다.

5년 연속 급감하는 일본 출산율

일본 정부는 여전히 '일본 인구 1억 명 사수'를 위해 총력전을 벌이고 있다. 인구구조와 소비 패턴의 변화를 매일 체감하는 일본기업들이 벌써 인구 절벽에 대비하는 것과 대조적이다. 일본 인구를 1억 명 이상으로 유지하겠다는 목표는 점점 현실성이 떨어지고 있다. 2021년 10월 1일 일본의 인구는 1억 2,550만 명으로 1년 만에 사상 최대인 64만 명 줄었다. 신생아 수도 84만 232명으로 5년 연속 사상 최저치를 이어갔다. 일본 정부의 예상보다 3년 빨리 신생아 수가 84만 명대에 진입했다.

그런데도 많은 일본인은 아직 2,500만 명 여유가 있으니 지금이라도 저출산 대책을 충실히 하면 1억 명 선을 방어할 수 있다고 믿는다. 인구감소를 멈추려면 2030~2040년까지 출산율을 2.07명까지 늘려야 한다고 전문가들은 분석한다. 일본 정부의 계획은 출산율을 2020년 1.6명, 2030년 1.8명, 2040년 2.07명으로 늘리는 것이다. 목표와 달리 2020년 일본의 실제 출산율은 1.34명으로 5년 연속 하락했다. 코로나19로 인해 2020년 결혼 건수가 12.3% 급감해 출산율은 더 떨어질 전망이다. 〈니혼게이자이신문〉은 "낙관적인 전망은 인구와 재정 건전성의 위기감을 잃어버리게 하는 요인"이라며 "비현실적인 인구 1억 명 목표를 철회해야 한다"라고 주장했다.

08
___

나무마저 늙어간다,
심각한 일본의 고령화

오이타현 나카츠에무라(村)는 국도 442번과 387번이 만나는 교통 요지다. 하지만 마을 초입의 국도 442번 도로는 복구공사로 1차선만 열려 있다. 2021년 8월 기록적인 폭우로 일어난 산사태 때문이다. 도로가 끊긴 지 반년이 지났지만, 복구에는 시간이 걸릴 전망이다.

사토 에키코 히타시청 총무진흥계 주사는 "예산을 확보했지만 복구공사를 발주해도 '나카츠에까지 파견할 인력이 없다'라는 업체들이 대부분"이라며 "공사가 제때 이뤄지지 못하고 있다"라고 설명했다.

예산·인력 부족으로 지연된 보수공사

고령화가 급속히 진행되는 건 일본의 인구구조만이 아니다. 국토와 인프라의 노후화도 심각한 수준이다. 일본 국토교통성의 2016~2020년 조사에서 전체 터널 가운데 36%, 교량의 9%, 도로표지와 조명 등 도로부속물의 14%가 조기 보수공사를 하지 않으면 위험한 상황이라는 판정을 받았다.

2012년에는 야마나시현 주오고속도로의 사사고터널 일부가 무너져 9명이 사망한 사고도 있었다. 전문가들은 인프라의 수명을 50년으로 본다. 2033년이면 일본 전역의 자동차용 교량 가운데 63%, 수문 등 하천 관리시설의 62%, 터널의 42%가 수명에 다다른다. '도쿄의 뼈대'로 불리며 하루에 100만 대의 차량이 지나는 수도고속도로는 2040년 전체 구간의 65%가 50년 이상의 노후도로가 된다. 수도고속도로는 도쿄도와 그 주변 지역에 있는 총 연장 322.5km의 유료 자동차 전용 도로다(그림 4-6).

문제는 예산과 인력 부족 때문에 보수공사가 제때 이뤄지지 않는다는 점이다. 2018년 5조 2,000억 엔이었던 인프라 보수비용이 2050년이면 연간 12조 3,000억 엔으로 2배 이상 늘어난다. 앞으로 30년간 보수공사에 280조 엔이 필요할 것으로 보인다. 일본 GDP의 절반이 넘는 액수다.

일본은 G7 가운데 유일하게 공공부문 투자가 감소한 나라다.

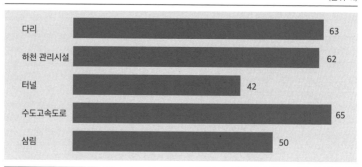

[그림 4-6] 수명 50년이 다 돼가는 일본 인프라 비율　　　　　　　　　(단위: %)

다리	63
하천 관리시설	62
터널	42
수도고속도로	65
삼림	50

*삼림은 2019년 기준. 인프라와 수도고속도로는 2033, 2040년 예상치. 수도고속도로는 도쿄도와 그 주변 지역에 있는 유료 자동차 전용도로.
출처: 〈니혼게이자이신문〉

2019년 공공부문 투자액이 1996년보다 40% 줄었다. 같은 기간 영국은 4배, 미국은 2.3배 증가했다. 일본 정부도 심각성을 인식하고 2020년부터 5년간 인프라 분야에 15조 엔을 투입하기로 했다. 하지만 연간 예산의 60%를 사회보장비와 국채 원리금 상환에 쓰는 일본으로서는 공공사업비를 늘릴 여지가 많지 않다고 한다.

정부가 관리하는 교량은 그나마 사정이 나은 편이다. 2020년부터 보수가 필요한 교량의 60%가 공사에 착수했다. 반면 사람이 부족한 지방 인프라의 상황은 심각하다. 기초 지방자치단체가 관리하는 교량 가운데 보수공사에 착수한 곳은 30%에 불과하다. 나카츠에와 마찬가지로 예산을 확보하고도 공사인력을 구하지 못한 지자체가 많기 때문이다.

네모토 유지 도요대학교 교수는 〈니혼게이자이신문〉과 인터뷰에서 "시설의 노후화 속도를 보수공사가 쫓아가지 못하고 있다"라며 "인프라 유지 체제가 붕괴할 가능성도 있다"라고 말했다.

주택 7채 중 한 채가 빈집

인구가 줄어드는 만큼 가파르게 늘어나는 빈집은 일본이라는 나라 자체의 고령화를 더욱 악화시키고 있다. 2018년 총무성의 주택·토지 통계조사에 따르면 일본의 전체 주택 6,240만 7,000채 가운데 848만 9,000채가 빈집이었다. 빈집의 비율이 13.6%로 사상 최고치를 기록했다. 야마나시현(21.3%), 와카야마현(20.3%), 나가노현(19.5%) 등은 5채 가운데 한 채가 빈집이었다.

대도시도 예외가 아니었다. 가옥 수 기준으로 빈집이 가장 많은 곳은 수도 도쿄로 80만 9,000채에 달했다. 도쿄 도심 주택가인 세타가야구는 전체 주택의 10채 가운데 한 채인 5만 채가 빈집이었다. 일본의 1,800여 개 기초지자체 가운데 가옥 수 기준 1위였다. 오사카(70만 9,000채), 가나가와(48만 3,000채) 등 대도시의 빈집 문제도 심각한 수준이었다.

모든 게 늙어가는 일본에서는 삼림마저 고령화에 신음하고 있다. 임야청에 따르면 일본의 인공림 면적의 절반이 수령 50년을 넘었다. 나무는 수령 30~40년일 때 가장 왕성하게 광합성을 하면서 이산화탄소를 많이 흡수한다. 삼림의 고령화가 진행되면서

2019년 일본의 삼림이 이산화탄소를 흡수하는 양은 정점이었던 2014년보다 20% 줄었다.

2020년 일본의 온실가스 배출량 11억 5,000만 톤 가운데 3.5%에 달하는 4,050만 톤을 삼림이 흡수했다. 삼림의 고령화로 인한 이산화탄소 흡수량 감소는 2050년 탈석탄 사회 실현을 목표로 내건 일본 정부의 또 다른 고민거리다. 〈마이니치신문〉은 "국토가 좁은 일본은 삼림을 새로 조성하는 데 한계가 있다"라고 지적했다.

09

일본은 왜 핸드드라이어
금지국이 되었을까

도쿄 시나가와구 운하변에 있는 수제 맥주 전문 레스토랑 T.Y.하
버는 영국의 부촌 리치먼드를 연상시키는 분위기로 언제나 외
국인 손님이 몰린다. 이 식당 화장실에는 젖은 손을 말릴 수 있
는 핸드드라이어가 설치돼 있지만 '사용 중지' 안내문이 붙어
있다. T.Y.하버 매니저는 "도쿄도의 지침을 따르고 있다"라고 설
명했다.

T.Y.하버뿐만이 아니다. 2020년 5월 이후 도심 오피스빌딩과
대형 쇼핑몰 등 대부분 화장실에 설치된 핸드드라이어 사용이 중
지됐다. 일본의 공용시설 화장실에 설치된 핸드드라이어는 100만
대 이상으로 추산된다.

세계 유일의 핸드드라이어 금지국

100만 대가 넘는 핸드드라이어 대부분이 2년째 멈춰선 계기는 일본 최대 경제단체 게이단렌의 요청이었다. 게이단렌은 2020년 5월 채택한 '코로나19 감염 방지대책 가이드라인'에 핸드드라이어 사용 중지를 포함했다. 핸드드라이어에서 나오는 더운 바람이 비말을 확산시킬 우려가 있다는 이유에서였다.

게이단렌은 2020년 5월 열린 정부 산하 전문가 회의에서 핸드드라이어에 의한 감염 위험을 지적하고, 이용 자제를 요청했다. 일본 정부가 게이단렌의 요청에 응하면서 일본 전역의 핸드드라이어가 일제히 멈추게 됐다. 핸드드라이어가 정말 코로나19 확산의 원인인지는 사용 중지 방침이 내려졌을 때부터 논란거리였다. 논란이 커지자 결국 게이단렌은 핸드드라이어의 감염 위험을 과학적으로 입증하고자 홋카이도대학교 감염병 전문 교수팀에 연구를 의뢰했다.

그 사이 일본 최대 제지회사 가운데 하나인 일본제지그룹은 "핸드드라이어를 사용하면 씻기 전보다 손이 더 오염될 위험이 있다"라는 연구 결과를 자사 사이트에 게재하기도 했다. 핸드드라이어 사용을 재개하려는 게이단렌을 견제하는 작업이란 뒷말이 나왔다. 핸드드라이어의 대체제인 종이수건 소비량 증가로 제지업계는 때아닌 호황을 맞고 있었기 때문이다.

홋카이도대학교의 연구 결과, 이용자가 일반적인 방법으로 핸드드라이어를 사용할 경우 감염 확률은 0.01%에 불과한 것으로 나타났다. 미국과 중국, 유럽 등 주요 28개국 가운데 코로나19 확산 이후 핸드드라이어 사용을 금지한 나라가 없다는 사실도 확인했다. 2021년 4월 13일 게이단렌은 기자회견을 통해 40페이지짜리 자료를 내고 핸드드라이어 사용을 금한 코로나19 가이드라인을 개정하겠다고 발표했다. 1,500여 개 회원사에 대해서도 정기적으로 알코올 소독 등 관리를 하면 핸드드라이어를 사용해도 문제가 없다고 전달했다.

하지만 이번에는 일본 정부가 게이단렌의 '사용 중지 철회'에 응하지 않았다. 정부가 사용 재개의 지침을 내렸다가 핸드드라이어를 통한 감염 사례가 한 건이라도 나오면 여론의 비판을 뒤집어쓸 수 있다고 우려했기 때문이라고 〈요미우리신문〉은 전했다. 정부가 지침을 내리지 않자 대형 쇼핑몰 등 상업 시설들도 '만에 하나'의 경우 때문에 책임질 것을 우려해 지방자치단체 지침 등을 근거로 사용을 재개하지 않고 있다. 게이단렌의 산하 단체와 회원 기업조차 이용을 재개하는 쪽으로 가이드라인을 개정하거나 핸드드라이어를 재가동하는 곳은 드물다고 이 신문은 전했다.

게이단렌, 핸드드라이어 문제에 집착한 이유

많은 전문가는 일본의 진취적인 면모가 사라지고 만성적인 침체에서 벗어나지 못하는 원인으로 사회 전반에 뿌리 깊은 '책임 안 지려는 문화'를 꼽는다. 일상생활 속에서 정치 지도자는 물론 관공서 공무원부터 동네 편의점 직원까지 "그럴 가능성이 있지만, 아니라고도 말씀드릴 수 없습니다" 식의 책임회피 어법이 만연한 것이 대표적인 사례. 게이단렌이 핸드드라이어 사용 재개를 발표한 2020년 4월은 코로나19 장기화로 항공·운수와 외식업 등 기간산업이 고사 위기에 빠졌을 때였다. 일본의 핸드드라이어 출하 대수는 연간 9만 대 안팎으로 산업 규모가 크지 않다. 일본 시장의 90%를 차지하는 미쓰비시전기와 파나소닉, 토토, 릭실그룹 모두 핸드드라이어가 주력 사업이라고 보기는 어렵다고 한다.

그런데도 게이단렌이 회원 기업들의 존속이 걸린 문제보다 핸드드라이어에 집착한 이유 역시 책임을 지지 않기 위해서라는 시각이 많다. 과학적 근거가 있느냐로 논란이 커지는 핸드드라이어 문제를 내버려두면 앞으로의 정책 제안과 조직의 신뢰성에도 미치는 영향에 위기감을 느꼈다는 것이다. 일본 핸드드라이어 '빅4'인 미쓰비시전기와 파나소닉의 CEO가 2021년 전후로 게이단렌 부회장직을 물려받은 점도 게이단렌이 핸드드라이어 문제에 유독 민감했던 이유로 꼽는다.

10

사장님께 인사하듯 찍는
결재도장

"결재도장을 찍을 때 지점장란을 향해 기울여서 찍으세요."

2002년 제일권업은행, 후지은행, 일본흥업은행 등 3개 은행의
통합으로 탄생한 일본 3대 메가뱅크 미즈호은행. 도쿄의 한 지점
에 새로 부임한 후지은행 출신 오쿠노 가로(당시 38세) 씨는 제일권
업은행 출신 상사의 지시에 어안이 벙벙했다. 후지은행에서 인감
은 문자를 반듯하게 세워 찍는 게 상식이었기 때문이다.

이유를 묻는 그에게 제일권업은행 출신 상사는 "지점장님을 향
해 겸양을 표현하는 방법"이라고 설명했다. '사양함', '겸양'을 뜻
하는 일본어 '오지기(おじぎ)'에 도장을 의미하는 '인(印)'을 합한
'겸양도장(おじぎ印)'을 처음 접한 순간이었다.

계장은 '폴더 날인', 전무는 '목례 날인'

20년이 지난 현재 미즈호은행 관계자는 "겸양도장 같은 관행은 완전히 없어졌다"라고 말했다. 하지만 금융권과 일부 업종에서 겸양도장의 문화가 여전히 폭넓게 남아 있다고 〈요미우리신문〉은 전했다.

겸양도장은 결재서류의 결재란에 도장을 찍을 때 직급이 낮을수록 도장을 왼쪽으로 기울여 도장을 찍는 방식이다. 계장은 인감을 거의 90도로 기울여 '폴더 인사'하듯 찍는다. 과장은 45도, 부장은 30도로 직급이 올라갈수록 기울기는 줄어든다. 전무쯤 되면 목례하듯 15도만 기울여도 되는 게 겸양도장의 불문율이다.

이렇게 말단부터 사장까지 도장을 찍고 보면 인감도장들이 가장 왼쪽의 사장란을 향해 일제히 인사하는 모양이 된다. 조직의 위계질서가 결재란에도 반영되는 셈이다. 사인 문화권에서는 하려고 해도 할 수 없는 겸양법이다([그림 4-7]).

지금은 중견기업 임원으로 자리를 옮긴 오쿠노 씨는 "티끌 모아 태산'이라는 말처럼 종업원이 수만 명인 회사에서 이러한 수고와 시간 낭비가 거듭되면 상당한 비용이 된다"라고 지적했다. 상사의 결재란을 향해 기울여서 도장을 찍는 방식이 예의에 들어 맞는 것도 아니다. 후쿠시마 게이이치 전일본인장업협회 부회장은 "날인은 글자를 반듯하게 세워서 찍는 것이 올바른 방법"이라

[그림 4-7] 겸양도장의 예

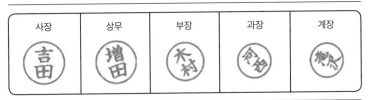

사장	상무	부장	과장	계장

출처: 〈요미우리신문〉

며 "비스듬히 기울이는 것은 아름다운 날인법도, 예의범절도 아니다"라고 단언했다.

1%의 탈인감 장애물

코로나19의 확산 이후 일본은 디지털화에 뒤처진 대가를 톡톡히 치르고 있다. 코로나19 확진자의 경로를 추적하기는커녕, 확진자 수 집계조차 실시간으로 하지 못한다. 지방자치단체 간 온라인 시스템이 제각각이어서다.

소비 장려를 위해 전 국민 1인당 10만 엔씩을 현금으로 지급하는 정책은 반년 넘게 걸려서야 겨우 끝났다. 구청 직원들이 신청 접수부터 교부작업까지 하나하나 수작업으로 진행해야 했기 때문이다. 주요 선진국들은 2주 만에 끝낸 일이었다.

코로나19 확산 방지를 위해 재택근무를 실시했지만 인감도장을 찍기 위해 직원들이 회사로 출근해야 하는 일도 빈번했다. 이 때문에 2020년 9월 16일 아베 신조 내각의 뒤를 이은 스가 요시히데 내각은 디지털화를 정권의 핵심 정책으로 내걸었다. 디지털화 달성을 위해 뜯어고쳐야 하는 인습의 대표적인 사례로 거론된 게 인감 문화다. 인감이 필요한 행정수속이 1만 5,000개에 달하다 보니 디지털화가 좀처럼 진전되지 않는다는 것이다.

스가 총리는 일본의 뿌리 깊은 인감 문화를 근본적으로 바꾸기 위해 고노 다로 전 방위상을 행정개혁·규제개혁상으로 임명했다. '비용삭감자(Cost Cutter)'란 별명을 가진 고노 장관에게는 '과감한 탈인감 정책'이라는 과제를 부여했다. 정부의 정책에 호응해 기업들도 업무상 인감을 폐지하는 대신 전자서명이나 전자인감을 적극적으로 도입하고 있다. 자연히 겸양도장의 시대도 저물 것으로 기대됐지만 오히려 디지털화의 흐름을 타는 분위기다. 일본 인감 도장 1위 업체 시야치하타의 전자인감 서비스에서 겸양도장의 질긴 생명력을 확인할 수 있다.

시야치하타는 원래 목도장(크게 중요하지 않은 서류에서 본인 확인을 위해 임시방편으로 사용하는 도장으로, '막도장'이라고도 부른다) 전문업체였다. 이 회사가 1968년 발매한 목도장 '네임 인'은 즉석에서 만들어 쓸 수 있는 편리함과 저렴한 가격 덕분에 지금까지 1억 8,000만 개 이상이 팔렸다. 시야치하타가 기업용 전자인감 서비스인 '시야치하타 크라우드'를 내놓은 건 시대의 변화에 대비하기 위한 것이었다. 코로나19를 계기로 전자인감을 도입하는 기업이 급증한 덕분에 2020년 2분기에만 가입고객이 27만여 곳 늘었다. 기존 가입회사 수의 30배가 넘는다. 고객회사가 많이 늘어나자 시야치하타는 2020년 11월 기업용 전자인감 서비스에 '겸양 인감' 기능을 새로 추가했다. 전자인감을 찍을 때 인감의 종류뿐 아니라 날인 각도를 1도 단위로 지정할 수 있는 기능이다. 덕분에 폴더 인사부터 목례까지 자유자재로 연출할 수 있게 됐다.

간단한 마우스 조작만으로 '전자 겸양도장'을 찍을 수 있게 되자 전자인감 서비스를 도입한 기업에서 겸양도장이 늘어나는 기현상마저 벌어지고 있다고 이 신문은 전했다. 시야치하타의 개발 담당자는 "기업고객들의 요청이 많아서 편의성을 높이는 차원에서 (겸양 인감 기능을) 추가했다"라고 설명했다.

인감이 필요한 행정수속의 99%를 없애더라도 남아 있는 1%가 탈인감의 장애물이 될 것이라는 지적도 꾸준히 나온다. 일본 정부는 법인등기와 부동산등기 등 83개의 행정수속에는 인감증명을 변함없이 유지할 방침이다. 고노 행정개혁·규제개혁상은 "제3자가 명의 도용하는 것을 막기 위해서"라고 설명했다.

11

택배 배송도 멈추게 만든
기업의 검사 조작

세계 최대 자동차 생산국 가운데 하나인 일본이 트럭 부족으로 택배와 편의점 상품 공급, 쓰레기 수거가 멈출 위기에 처했다. 일본 최대 버스·트럭 제조사인 히노자동차에서 엔진 성능검사가 조작된 사실이 드러나면서 대부분 트럭이 판매 중지됐기 때문이다.

히노자동차는 2톤과 4톤 중소형 트럭에서도 엔진 성능검사 부정이 발견돼 출하를 중단한다고 발표했다. 오기소 사토시 히노자동차 사장은 "엔진의 열화 내구력 시험에서 배출가스 측정 횟수가 부족했는데도 합격 처리한 사실이 드러났다"라고 설명했다. 2022년 초 히노자동차는 대형 트럭과 버스에서만 성능검사 부정이 있었다고 밝혔다. 하지만 중소형 트럭에서도 부정이 발견되면서 대부분의 트럭 판매가 중지됐다. 출하정지 대상에 오른 차량은 총 64만 대다. 판매를 중지함에 따라 일본 제조공장의 60%는 가동을 중단했다. 이로 인해 히노그룹의 납품업체 8,542곳, 종업원 51만 877명이 타격을 받게 됐다고 데이코쿠데이터뱅크는 분석했다. 히노자동차의 모회사인 도요타의 도요타 아키오 사장도 이날 "극히 유감"이라는 성명을 발표했다.

도요타 등 일본 주요 자동차업체들이 상용차 기술을 공동으로 개발하려고 설립한 합작법인 커머셜재팬파트너십테크놀로지스(CJPT)는 히노자동차를 제명한다고 발표했다. 도요타 사장은 "히노가 550만 명에 달하는 일본 자동차산업 종사자들의 신뢰를 얻기 힘든 상황에 이르렀다"라고 설명했다. 히노자동차는 일본 최대 상용차 회사다. 2021년 상용차 시장점유율은 38%였다. 이스즈, 미쓰비시후소, UD트럭스 등이 뒤를 잇고 있다.

매년 대기업 2곳꼴 부정 검사

화물업계는 특히 주력 모델인 2톤 트럭 히노듀트로의 판매 중지를 우려하고 있다. 도심 지역 택배와 편의점 상품 운송, 쓰레기차 등에 폭넓게 사용되는 모델이기 때문이다. 스즈메 다카오 도쿄트럭협회 부회장은 WBS에 "중소형 트럭 의존도가 높은 도쿄와 수도권 지역의 편의점 배송 등 물류에 영향을 미칠 것"이라며 "소비자의 비용 부담도 늘 수밖에 없다"라고 말했다.

지방자치단체가 운용하는 소방차와 쓰레기차 등 특장차 공급도 타격이 불가피하다. 일본 소방차의 60%를 공급하는 모리타홀딩스는 "지자체의 소방차와 쓰레기차 납품기일을 맞추지 못할 가능성이 있다"라고 밝혔다.

모리타홀딩스는 특장차의 기반 차량 대부분을 히노자동차로부터 조달한다. 고객인 지자체 상당수는 상용차 1위인 히노자동차를 지정해서 특장차를 주문하기 때문이다. 매년 예산안을 짜는 지자체들은 회계 상반기인 4~9월 소방차 등 특장차를 주문한다. 이 때문에 모리타홀딩스의 납기는 회계 하반기인 10월부터 이듬해 3월에 집중된다. 덤프트럭과 쓰레기차 등을 제작하는 교쿠도개발공업도 "기반 차량이 부족해 출하가 정지될 우려가 있다"라고 밝혔다. 교쿠도개발공업도 전체 차량의 40%를 히노자동차로부터 공급받는다.

행정 서비스를 유지하는 데 필수적인 소방차와 쓰레기차의 납기가 늦어지면 노후 차량 교체 등 지자체의 조달계획도 차질이 빚어질 것으로 〈니혼게이자이신문〉은 예상했다. 히노자동차의 신차 판매가 중지되면서 중고 트럭 가격도 이미 30% 올랐다. 트럭 부족이 심각해지면서 신형 트럭은 1년, 중고 트럭은 6개월을 기다려야 차량을 인도받을 수 있다.

트럭이 부족해 택배와 편의점, 쓰레기 수거, 소방 등 일상생활이 타격을 받는 사태는 연례행사처럼 반복되는 일본 대기업들의 검사 조작과 관련이 깊다. 2016년 이후 일본 대기업의 검사 데이터 조작은 확인된 것만 13건에 달한다. 매년 대기업 2곳꼴로 검사 조작이 발각되는 셈이다.

닛산자동차, 미쓰비시자동차, 도레이, 미쓰비시전기, 스바루 등 내로라하는 기업들이 모두 검사 부정에서 벗어나지 못했다. 단순한 관행의 문제가 아니라 악질적인 조작도 벌어졌다. 미쓰비시전기는 2021년 일본 6개 공장에서 총 47건의 허위 검사성적표를 작성한 사실이 드러났다.

도레이는 가전제품과 자동차용 플라스틱 부품의 원료인 수지 제품의 안전성 검사와 관련, 지바공장과 나고야사업장 2곳에서 적어도 10여 년간 부적절한 행위가 있었다고 발표했다. 이 공장들은 미국의 제3자안전과학기관(UL)이 연 4회 실시하는 불시검사에 원래 제출해야 했던 제품 샘플 대신 따로 제작한 시험용 샘플을 제출했다. 검사를 통과하려고 일부러 이뤄진 일로 회사는 보고 있다.

일본기업의 신뢰를 무너뜨리는 부정행위는 제조업에 국한되지 않는다. 금융회사와 안전보장과 직결되는 원자력발전소, 심지어 신뢰가 생명인 정부 통계에서조차 조작이 일어났다. 미즈호은행에서는 현금자동입출금기(ATM)의 80%가 정상적으로 작동하지 않는 시스템 장애가 2021년 한 해 동안만 8번이나 일어났다. 일본 최대 민영 전력회사인 도쿄전력의 가시와자키·가리와원전에서는 2021년 초 직원이 타인의 신분증(ID) 카드로 중앙제어실에 부정 출입하는 사례가 적발됐다. 일본의 원전이 테러에 대비해 무단 침입자를 탐지하는 시설이 허술하다는 점을 드러내는 사례여서 가뜩이나 바닥인 일본인의 원전에 대한 신뢰를 더욱 떨어뜨렸다. 도쿄전력은 2011년 폭발사고가 일어난 후쿠시마 제1원전의 운영사다.

부정이 있어도 숨기는 폐쇄적인 분위기

일본기업의 검사 데이터 조작이 유독 잦은 원인으로는 폐쇄적인 조직문화가 꼽힌다. 구성원이 철저한 연공서열에 따라 오랜 기간 같은 부서에서 일하다 보니 부정이 있어도 말을 못하는 분위기의 지배를 받는다. 미쓰비시전기, 도시바, 미즈호은행, 도쿄전력의 조사위원회가 공통으로 지적한 일본기업의 문제점도 '문제가 있어도 말할 수 없는 조직의 폐쇄성'이었다.

일본기업들은 문제가 발생할 때마다 제3자 조사위원회를 설치해 원인을 조사한다. 미쓰비시전기 조사위원회는 "상층부 간부진들이 결산실적을 맞추거나 자기 보신에만 급급해 직원들의 신뢰를 받지 못했다"라고 지적했다. 미즈호은행에서는 "중간급 간부가 경영진의 눈치만 보고 리스크를 떠안으려 하지 않아 현장의 의견이 본부에 전달되지 않았다"라는 지적이 나왔다. 도쿄전력의 사원들은 "현장의 상사는 언제나 고압적인 태도여서 말을 꺼낼 수 있는 분위기가 아니고 본사의 경영간부들은 퇴물들이어서 현장 실태를 이해하지 못한다"라고 말했다.

이사회의 감시기능도 작동하지 않았다. 미쓰비시전기, 미즈호은행 모두 사외이사가 이사회의 다수를 차지하는 '지명위원회 등 설치회사'지만 사외이사들에 의한 문제 제기는 없었다. 구보리 히데아키 변호사는 "사외이사를 늘리더라도 사장에게 잘 보이려는 인물이나 윗사람에게 맞서지 않는 '예스맨'으로 가득한 '친구 내각'인 사례가 많다"라고 말했다.

경영지원 전문 회사인 IGPI그룹의 도야마 가즈히코 회장은 "마을 공동체 같은 조직문화와 시간·인력 부족이 겹치면서 최고 경영진이 사태를 알았을 때는 문제가 걷잡을 수 없이 퍼진 경우가 대부분"이라고 말했다. 도레이는 2017년에도 타이어 보강재를 만드는 자회사에서 품질 데이터를 조작한 사실이 발각됐다. 이를 계기로 그룹 전체를 대상으로 품질 검사 부정이 있는지 조사했지만 이번에 발각된 부적절한 행위를 찾아내지 못했다. 품질 검사 부정 행위는 자체 감사가 아니라 2021년 11월 실시한 사내 설문조사에서 일부 사원들이 문제를 고백하면서 발각됐다.

'품질 부정'은 기업만의 문제가 아니다. 일본 정부의 공식통계조차 10년 가까이 부풀려진 것으로 드러났다. 〈아사히신문〉은 최근 국토교통성이 2014년 이후 8년간 건설회사들의 건설수주 실적을 무단으로 수정해 중복으로 계상했다고 보도했다. 국토교통성은 건설사들로부터 매월 수주실적을 제출받는다. 하지만 자료 제출일을 맞추지 못해 수개월 치를 한 번에 제출한 건설사의 실적은 마지막 달의 실적을 중복으로 계상한 것으로 나타났다. 6월 100억 엔, 7월 100억 엔, 8월 100억 엔을 수주한 건설사의 실적을 6월 100억 엔, 7월 100억 엔으로 반영한 후 8월은 300억 엔으로 집계하는 식이다. 건설수주 실적은 GDP에 반영된다. 이 때문에 지난 8년간 일본의 GDP도 부풀려졌을 것으로 관측된다. 2021년 일본의 건설수주 실적은 79조 5,988억 엔으로 전체 GDP의 14%에 달한다. 2020년 한 해 동안에만 건설수주 실적이 4조 엔가량 부풀려졌다고 이 신문은 전했다. 연간 GDP의 1%에 달하는 규모다.

12

임종 준비하는
일본의 마을

인구가 한 명 남은 마을 미야하라 지역의 중심지인 오이타현 나카츠에무라. 소멸 위기에 처한 일본의 지방자치단체들은 한 명이라도 더 인구를 유치해서 마을을 유지하는 데 사활을 걸고 있다. 그런데 나카츠에서는 반대로 '마을을 품위 있게 사라지게 하자'는 '소프트랜딩 운동'이 벌어지고 있다.

'소프트랜딩'은 일본어로는 '무라지마이(村終い)', '마을이 끝나는 것'을 준비하는 것이다. 인구를 늘리기보다 마을이 끝날 때까지 잘 살 수 있도록 준비하는 게 낫다는 것이다. 잘 맞지 않는 도시에 살면서 스트레스로 병에 걸리는 것보다 자신이 살고 싶은 곳에서 편안하게 살도록 하며, 특히 이 지역 고령자분들은 제2차 세계대전 등을 겪은 세대이기 때문에 마지막만큼은 원하는 곳에서 즐겁게 사시게 하는 것이 목표라고 한다.

[그림 4-8]을 보면 1935년 인구가 7,528명에 달했던 나카츠에의 인구는 2020년 621명으로 줄었다. 1972년 이 지역의 유일한 산업이던 금광이 폐쇄된 영향이다. 2005년 히타시에 합병되기 전까지 나카츠에가 독자적인 지자체일 때는 인구를 늘리려는 정책으로 출산·결혼 축하금 제도도 있었다. 옛날에는 히타시에 직장이 있어도 나카츠에에서 출퇴근을 했지만 젊은 세대는 부모님으로부터 독립하여 히타시로 나가려는 사람들이 많았다. 이를 막기 위해 공영주택을 싸게 대여하는 제도도 있었다고 한다. 그러나 인구감소는 나카츠에뿐 아니라 오이타 전체에 일어나는 일이라 재정만 어려워졌다. 결국 2005년 행정 통폐합 때 히타시에 편입됐다.

나카츠에가 소멸해가는 이유

나카츠에 인구가 10분의 1로 줄고, 인구 유치를 포기한 지역인 만큼 인적 드문 산골짜기의 오지로 생각하기 쉽지만 나카츠에 역시 예상 밖이었다. 두 개의 국도가 만나는 지점이어서 물류 트럭이 끊임없이 지나가고, 휴대폰과 와이파이도 잘 터졌다. 아마존과 라쿠텐 등 인터넷 쇼핑도 하루 만에 배송이 된다.

무엇보다 규슈의 정중앙이어서 아소산과 구로카와 온천, 구마모토성, 오구니 등 유명 관광지 사이에 있다. 계곡 사이의 마을이

[그림 4-8] 나카츠에와 일본 인구 추이

연차	나카츠에	일본 전체
1920년	3,328명	5,596만 3,053명
1935년	7,528명	6,925만 4,148명
1970년	2,870명	1억 466만 5,171명
2005년	1,194명	1억 2,776만 7,994명
2010년	984명	1억 2,805만 7,352명
2015년	769명	1억 2,709만 4,745명
2020년	621명	1억 2,614만 6,099명

출처: 나카츠에무라

라 농지가 넓지는 않지만, 자급자족에도 문제가 없다. 그런데도 마을의 맥이 끊어진 건 규슈 정중앙인 입지가 묘하게 나카츠에의 약점이 됐기 때문이다. 교통의 요지지만 도쿄에서 나카츠에로 가는 교통편은 없다.

도쿄에서 후쿠오카까지 신칸센으로 5시간, 후쿠오카에서 다시 기차로 1시간 30분 걸려 히타역까지는 갈 수 있다. 하지만 히타시에서 나카츠에를 연결하는 교통편은 따로 없다. 예약제 버스만 비정기적으로 운행한다. 1972년 다이오금광이 폐쇄된 후 산업도 없다. 젊은이들을 끌어들일 일자리가 없는 것이다. 슈퍼마켓은 한 개 있지만 정기적으로 운영하는 숙박시설과 식당도 없다. 마을 평균연령은 61.5세다. 65세 이상 고령자 비율이 52%지만 초등학생과 중학생 비율은 6%와 4%로 인구구조가 완전히 가분수인 지역이다.

나카츠에는 극단적으로 말해 일자리가 없다. 여기서 경제활동을 하기가 무리인 상황이다. 농업이 있지만, 생활에 필요한 수입을 올리기는 어렵다. 히타시로는 이주해오는 사람들이 있지만 이런 분들조차도 나카츠에는 "너무 시골이어서 불편하다"라고 말한다. 이주자들도 역 주변이나 지방 도시에서 살고 싶어 한다. 노부부가 이주해온 사례는 있어도 아이의 교육환경을 따지게 되면 살기 쉬운 히타시로 나간다는 것이다.

지금 나카츠에의 유일한 슈퍼와 숙박시설, 교통수단을 운영하는 사장님은 한 인터뷰에서 "사람이 안 늘어나니까 매출은 거의 없습니다. 예약제 버스는 히타시의 수탁을 받아서 주민들이 필요할 때만 운영하니까요. 이익은 안 납니다. 연간 기준으로 매년 평행선이에요. 그래도 회사는 마이너스만 아니면 되지 않겠어요?"라고 말한다.

'20년 후 나카츠에는 어떤 모습일까요?'라는 질문에 쓰에 회장은 "아마도 나카츠에가 카미츠에(이웃 지역)에 또다시 합병되지 않을까요"라고 말한다. '나카츠에 마을 만들기 협회' 나가세 사무국장은 "인구는 더 줄겠지만 20년 후에 마을이 완전히 사라지지는 않을 것으로 생각합니다. 재택근무가 정착되면 인구가 다소 늘 수도 있지 않을까요"라는 대답을 들려준다.

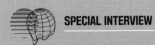

망해가는 청나라 말기와 닮은 일본

하라다 유타카 나고야상과대학교 비즈니스스쿨 교수는 "지금 일본은 청나라 말기를 닮았다"라고 주장해서 일본사회에 충격을 던졌다. 경제 관료 출신인 하라다 교수는 아베노믹스 기간에 일본은행 정책위원회심의위원(한국은행 금융통화위원에 해당)을 5년간 역임한 일본경제 최고 권위자다.

경제기획청, 재무성 등을 거쳤고 일본 양대 증권사인 다이와증권의 경제연구소인 다이와종합연구소 수석 이코노미스트로 6년간 활동했다. 2015년부터 2020년까지 일본은행 정책위원회심의위원으로 아베노믹스를 이끌었다.

1999년《일본의 잃어버린 10년》이라는 책을 집필해 오늘날 '잃어버린 30년'이라는 표현을 사용한 원조 중 한 명이다. 하라다 교수는 〈한국경제신문〉과 화상 인터뷰에서 "일본이 선진국의 최저 수준으로 밀릴 것"이라면서도 "한국은 급격한 인구감소 때문에 일본경제를 추월하기 어렵다"라고 진단했다.

◎ 현재 일본의 상황을 "청나라 말기와 닮았다"라고 주장하는 이유는 뭔가요?

청나라는 1840년경 아편전쟁(1840년과 1856년 두 차례에 걸쳐 영국과 청나라 사이에 벌어진 전쟁. 청나라가 몰락하는 계기가 됐다) 패배로 서구에 뒤처진 현실이 여실히 드러났습니다. 개혁이 필수였지만 아무것도 하지 않으면서 1911년 신해혁명(중국의 민주주의 혁명으로 청나라가 멸망하고 쑨원은 대총통에 추대되며 중화민국 수립)으로 멸망했습니다. 오늘날 일본도 모든 게 제대로 돌아가지 않는 점이 명백한데 아무것도 하지 않은 채 하염없이 쇠퇴하고 말았습니다. 이런 점에서 '청나라 말기를 닮았다'라고 말씀드린 겁니다.

◎ 구체적으로 어떤 부분이 청나라 말기를 닮았나요?

일본은 진작부터 디지털화에 뒤처졌다는 걸 알고 있었습니다. 코로나19가 확산했을 때 세계 여러 나라가 국민에게 현금을 지급했죠. 다른 나라들은 코로나19로 누가 얼마나 소득이 줄었는지 바로 파악해 현금을 지급했는데 일본은 전혀 시행되지 않았습니다. PCR(유전자 증폭) 검사 숫자도 크게 부족했죠. 코로나19를 계기로 드러난 문제점들인데도 일본은 '지금 이대로도 괜찮다'라는 인식 때문에 간단히 바꿀 수 있는 것조차 바꾸려 들지 않았습니다.

◎ 일본이 '지금 이대로도 괜찮다'라며 청나라 말기를 닮게 된 원인은 뭔가요?

다양한 저항 세력, 현재 상황을 바꾸고 싶지 않기 때문에 방해하는 세력이 있습니다. 행정의 디지털화만 해도 2000년대부터 추진한 정책입니다. 예산만 수조 엔을 썼어요. 하지만 20년이 지나도록 아무것도 변하지 않았습니다.

◎ 변하지 않으려는 이유가 있나요?

일본의 PCR 검사 수는 한국에 비해 크게 부족했습니다. 수작업으로 했기 때문이죠. 일본 정부가 목표로 내건 1일 100만 회 검사가 가능할 리가 없었죠. 기계를 쓰면 가능한데 기계를 쓰지 않았습니다. 기계를 쓰면 손해를 보는 세력이 있었던 겁니다. 현대판 '러다이트 운동'(18세기 말에서 19세기 초에 걸쳐 영국의 공장지대에서 산업혁명과 공장기계화에 반대해 노동자들이 일으킨 기계파괴 운동)이라고 말할 수 있습니다. 말로는 개혁이 필요하다고 말하지만 실제로는 모든 것이 움직이지 않고 있습니다.

◐ 경제를 포함해서 일본의 국력이 침체한 가장 큰 원인은 뭘까요?

너무 많아서 거론하기 어려울 정도입니다만 고용제도의 경직화가 가장 큰 문제가 아닐까 생각합니다. 한번 고용한 근로자를 정리해고하기가 너무 어렵습니다.

◐ 현재 상황이 이어지면 일본이 G7이나 선진국 그룹에서 탈락할 가능성도 있다고 보시나요?

(선진국에서 탈락하지는 않더라도) 선진국의 최저 수준 정도로 밀리지 않을까 생각합니다. 일본의 인구는 여전히 유럽 국가들의 2배 이상이기 때문에 먼 미래에 선진국에서 탈락할 수는 있겠지만 당장 수십 년간은 버틸 수 있을 겁니다.

◐ 일부에서는 한국경제가 일본을 추월할 가능성이 있다고 보는데요. 한·일 간의 경제적인 위치가 바뀔 가능성은 작다고 보시는군요.

한국의 인구가 더 빨리 감소하고 있으니까요. 한국의 1인당 GDP 증가율은 이미 일본보다 높고 이러한 성장세가 당분간 이어질 것으로 생각합니다. 하지만 이 차이는 매년 1%포인트 정도입니다. 20년이 지나면 한·일 1인당 GDP 격차가 20% 줄어들겠죠. 대신 일본의 인구는 한국의 2.4배인데 한국의 인구감소가 일본보다 극심합니다. 한·일 GDP(경제 규모)가 역전되지 않으리라고 보는 이유입니다([그림 4-9]).

[그림 4-9] 한·일 1인당 국민소득 비교 (단위: 달러)

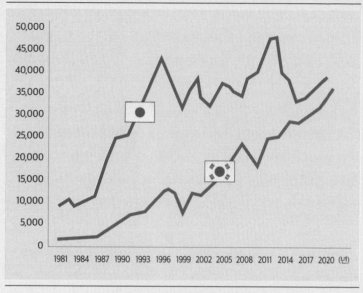

출처: IMF

◎ 1999년 《일본의 잃어버린 10년》을 집필하셨습니다. 일본이 잃어버린 10년에서 벗어나지 못하고 '잃어버린 30년'을 맞은 이유는 뭔가요?

금융정책의 실패가 여러 차례 반복됐기 때문입니다. 2008년 글로벌 금융위기 당시 달러당 120엔이었던 엔화 가치가 80엔까지 치솟았습니다. 반면 달러당 원화 가치는 1,500원까지 떨어졌습니다. 그 결과 일본의 가격경쟁력이 크게 하락했습니다.

◎ 엔화절상과 원화절하가 '잃어버린 30년'의 원인인가요?

환율도 금융정책이 실패한 결과입니다. 전 세계가 위기에 대응해 금융완화를 실시했는데 일본은행은 전혀 움직이지 않았어요. 엔화 가치가 120엔에서 80엔까지 급격히 오르면 제조업은 감당할 수 없습니다. 일본 전자산업은 괴멸적인 타격을 받았습니다. 반면 원화 가치 하락 덕분에 한국의 전자회사들은 그만큼 일본의 점유율을 빼앗았고요. 동시에 구조개혁을 하지 않은 것도 원인이었습니다. 구조개혁을 방해한 세력이 가득했어요. '규제강화 러다이트 운동'이 벌어지지 않았나 싶을 정도입니다.

➥ 일본은행 정책위원회심의위원으로서 대규모 금융완화 정책에 적극적으로 찬성했습니다. 한편으로는 10년간 대규모 금융완화와 과도한 엔저 유도가 일본의 펀더멘털과 기업 경쟁력을 약화했다는 지적도 있는데요.

전혀 근거 없는 주장이에요. (아베노믹스 당시 환율이) 120엔에서 5엔 안팎으로 움직인 것으로 '지나치게 엔저를 유도했다'라고 지적하는 건 말이 안 됩니다. 120엔이었던 엔화 가치가 80엔으로 올랐을 때가 과도한 거죠.

➥ 일본은행이 대규모 금융완화를 지속하는 반면 미국과 유럽은 이미 출구전략을 시작했는데요.

미국은 물가상승률이 8%를 넘으니까요. 물가가 너무 올라서 조치를 해야 하지만 일본의 물가상승률은 아직 (일본은행의 목표치인) 2%에 도달하지 않았으니까요. 인플레가 심해진 건 배럴당 60달러이던 국제유가가 120달러로 올랐기 때문입니다. 그렇다고 2023년에 국제유가가 200달러가 될 리는 없잖아요. 이번 인플레가 일시적일 것으로 보는 이유입니다. 일본의 인플레가 일시적으로 2%를 넘었지만(4월 일본의 물가상승률은 2.1%로 7년 만에 2%를 넘었다) 갑자기 긴축정책을 펴면 또다시 만성 디플레로 돌아설 겁니다.

➥ 아베노믹스와 일본은행의 대규모 금융완화가 타당했다고 보시는 거군요.

아베노믹스를 실시한 2013년부터 2019년까지 7년간 일본경제는 매년 1% 성장했습니다. 이전 7년간의 성장률은 0.2%였습니다. 실업률도 4%에서 2%로 낮아졌습니다.

◑ 실업률 하락은 어떤 의미가 있나요?

금융완화는 실업률을 낮춰서 인력을 부족하게 만드는 효과가 있습니다. 인력이 부족해지면 생산성을 높이려는 시도를 반대하는 세력이 줄어듭니다. 구조개혁은 간단히 말씀드려 고용을 줄여 생산성을 올리는 건데 인력이 부족하면 이에 반대하는 기류가 사라지기 때문이죠. 그러면 쇠퇴 산업에서 성장산업으로 저절로 노동력이 이동하게 됩니다.

◑ 일본의 침체를 멈추는 데 필요한 조치는 어떤 게 있을까요?

'고압경제(high pressure economy)' 즉, 인력이 부족한 경제 상황을 만드는 게 중요합니다. 이를 기반으로 규제 완화와 무역자유화 등을 통해 노동의 유연성을 높여야 합니다.

◑ 기시다 내각의 간판 정책인 '새로운 자본주의'를 어떻게 평가하십니까?

분배에도 힘을 쏟는다지만 정부가 주도하는 경제정책은 기대한 대로 움직이지 않는 법입니다. 탈석탄화 정책도 새로운 경제성장의 근간이 된다고 홍보하지만 잘못된 겁니다. 결국 비용이 비싼 에너지를 사용하겠다는 건데 비싼 에너지를 써서 성장하는 게 가능할 리 있나요. 유가가 급등해 실질소득이 줄어든 게 문제인데 왜 비용이 더 비싼 에너지를 사용합니까.

◑ 새로운 자본주의는 적극적으로 임금인상을 유도해 소비를 진작시키는 정책으로 요약할 수 있는데요.

최저임금을 올리면 비싼 최저임금에 견딜 수 있는 기업만 남게 됩니다. 결과적으로 기업의 생산성은 오르겠지만 실업자가 늘어나죠. 근로자 1인당 생산성은 최저임금을 억지로 올리면 늘어날지 몰라도 실업자가 늘어나면 국민 1인당 생산성은 늘지 않으니 난센스에요

◎ 한국도 소득주도성장 정책을 펼쳤는데요.

한국도 20~30% 정도 최저임금을 올린 결과 실업자가 늘었잖아요. 그나마 한국이어서 3년간 최저임금을 20% 올려도 괜찮았던 겁니다. 물가가 오르고 명목 경제성장률이 5~6%에 달해 3년간 경제가 18% 정도 성장했으니까요. 반면 물가도 소득도 오르지 않는 일본이 임금을 20% 올려보세요. 큰일이 날 겁니다.

일본은 이대로 30년 넘게 시름시름 앓다가 선진국에서 탈락하게 될까. 선진국을 구분하는 기준이 소득 수준이라면 그럴지도 모르겠다. 일본 내부에서조차 1인당 GDP가 조만간 한국에 역전될 것이라는 전망이 나온다.

〈니혼게이자이신문〉계열 경제연구소인 일본경제연구센터는 2027년 한국의 1인당 GDP(명목 기준)가 4만 5,000달러까지 늘면서 일본을 앞서 나갈 것으로 전망했다. 1986년만 해도 일본의 1인당 GDP는 한국의 6.2배였다. 2021년에도 일본의 1인당 GDP는 3만 9,890달러로 한국을 25% 웃돌았다. 하지만 2025년까지 한국의 1인당 GDP가 연평균 6.0% 증가하는 동안 일본은 2.0% 늘어나는 데 그치면서 두 나라의 처지가 뒤바뀐다고 분석한다.

2035년이면 한국의 1인당 GDP는 6만 달러를 넘어서지만 일본은 5만 달러를 턱걸이할 것으로 내다봤다. 한국과 일본의 소득 수준이 뒤집힌 게 처음은 아니다. 평균연봉은 이미 2015년, 1인당 구매력은 2018년 처음 한국이 일본을 앞섰다. 일본의 급여 수준이 30년째 제자리걸음을 한 탓이다. 그렇다고 해서 일본을 중진국으로 분류하기도 어렵다. 경제 규모 면에서 일본은 적어도 100

년 동안은 선진국 그룹에 잔류할 것으로 예상한다. 인구가 경제 규모를 일정 수준 이상으로 뒷받침하는 덕분이다. 2022년 일본의 인구는 1억 2,428만 명으로 1억 2,702만 명의 멕시코에 이어 세계 11위다. G7 가운데 일본은 미국에 이어 두 번째로 인구가 많은 나라다.

일본의 인구는 2015년부터 줄어들기 시작했다. UN에 따르면 1970년 지구인의 2.8%가 일본인이었다. 세계 인구가 37억 명일 때 얘기다. 세계 인구가 78억 4,000만 명인 2020년 전체 인구에서 일본의 비중은 1.6%로 줄었다. 인구가 103억 명으로 늘어나는 2070년 일본인의 비중은 0.8%까지 줄어든다.

반면 선진국으로 범위를 좁히면 일본의 인구는 여전히 만만치 않은 규모다. 1970년 선진국 전체 인구에서 일본인이 차지하는 비중은 10.5%였다. 이 비중은 2020년 9.8%, 2070년에도 6.8%로 상당한 수준을 유지한다. 1970년 10억 명이었던 선진국의 인구가 2020년 12억 8,000만 명까지 늘었다가 2070년에는 12억 2,000만 명으로 줄어드는 탓이다.

이 정도의 인구를 유지하는 한 일본경제가 비틀거릴지언정 나가떨어질 것으로 예상하기는 어렵다. 중국과 인도의 경제 규모는 세계 1~2위의 인구 덕분에 선진국을 능가했다. 일본은 나쁘지 않은 소득 수준에 적지 않은 인구로 인해 수준급의 경제 규모를 유지하는 새로운 형태의 선진국이 될 것으로 예상한다.

일본 하면 저출산·고령화를 떠올리지만 사실 인구 문제를 겪고 있는 일본은 최악의 터널을 지나고 있다. 65세 이상 인구가 전체의 14%를 넘으면 고령사회, 21%를 넘으면 초고령사회라고 한다. 일본은 1995년과 2010년 세계 최초로 고령사회와 초고령사회에 진입했다. 2022년 고령화와 씨름한 지 27년째다.

2022년 65세 이상 인구 비율은 29.3%, 75세 이상은 15.7%이다. 일본의 노인 인구는 계속 늘다가 2040년 즈음 65세 이상은 35.3%, 75세 이상 20.2% 수준에서 정점에 도달할 것으로 예상한다. 저출산·고령화의 대명사 일본이 2040년부터 저출산 국가이긴 하지만 고령화가 진행되는 국가는 아니게 되는 것이다. 1995년 고령사회 진입 이후 끝이 보이지 않던 터널이 45년 만에 드디어 출구의 빛이 보이기 시작한 것이다.

2050년에는 한국의 고령자 비율이 40.1%로 처음 일본(37.7%)

을 역전한다. 2040년 무렵부터 고령 인구가 감소하는 일본과 달리 한국은 2065년까지 계속 고령화가 진행된다. 2065년 한국의 고령화율은 45.9%까지 치솟는다. 이와사와 미호 국립사회보장·인구문제연구소 인구변동연구 부장은 2022년 9월 기자간담회에서 "한국은 2040년대 중반부터 2100년까지 세계 최고 고령자 사회가 될 것"이라고 우려했다.

저출산·고령화에 관한 한 세계에서 가장 많은 연구 경험을 가진 일본의 인구문제 전문가들은 공통으로 저출산보다 고령화가 훨씬 무섭다고 말한다. 고령화는 국가 재정과 인력난 두 가지 측면에서 나라 전체를 골병들게 하기 때문이다.

2019년 일본의 사회보장비는 약 120조 엔으로 1년 예산보다 많았다. 2019년 현재 사회보장비의 66%가 고령자 관련 비용이다. 고령화가 급속히 진전되면서 일본의 사회보장비는 2025년 140조 엔, 노인 인구가 가장 많아지는 2040년에는 190조 엔까지 불어날 전망이다. 고령화가 저출산보다 무서운 이유다.

한국이 일본 걱정할 처지가 아니라는 자조는 전혀 틀린 말이 아니다. 어느 쪽의 상태가 더 심각하냐의 문제일 뿐 한국도 일본도 이대로라면 세계 무대의 1선에서 밀려날 것이라는 점은 확실해보인다. 두 나라가 함께 험난한 미래에 대처할 수는 없을까.

"국가 경쟁력을 연극에 비유한다면 세계 최고는 일본인이 만든 무대에서 한국인이 열연하는 작품이다."

일본 스타트업 업계의 떠오르는 한국인 스타 이원준 하이퍼리즘 대표의 말이다. 2022년 〈포브스〉의 '아시아 30세 이하 리더 30인'에 선정된 이 대표는 일본에서 신생 벤처기업을 키운 경험을 통해 두 나라 사람들의 특질을 '하드웨어의 일본인, 운영의 한국인'으로 요약한다.

이 대표에 따르면 하드웨어를 만드는 데는 일본인 만한 민족이 없다. 정교함에 꼼꼼함과 성실함까지 갖춘 일본인이 제조업으로 세계를 제패한 건 당연하기까지 하다. 집착에 가까울 정도로 매뉴얼을 중시하는 태도는 하드웨어를 만드는 데 강점이다. 반면 전례를 고수하다 보니 험한 적 없는 위기에 큰 약점을 드러내는 모습은 지난 10여 년간 우리가 봐 온 대로다. 그에 비해 한국인은 즉흥성과 임기응변의 민족이다. 끼가 넘치다 보니 매일매일 매뉴얼대로 똑같은 일을 하라면 오히려 병이 날 지경이다. 한국인이 만든 무대에서 일본인이 출연하는 연극은 재앙이겠지만 그 반대라면 최고일 것이라고 이 대표가 자신하는 이유다.

후카가와 유키코 게이오대학교 경제학과 교수가 인터뷰에서 강조한 대로 '한국은 단거리 주자, 일본은 장거리와 마라톤 주자로 나서는 육상팀이 드림팀'이라는 말도 같은 맥락이다. 한·일 양국을 모두 잘 아는 두 전문가의 통찰을 관통하는 키워드는 '한·일 원팀'이다.

한국과 일본이 한 팀이 된다? 역대 최악의 한·일관계로 인해 주일 대사가 임기 내내 일본 외무상을 한 번도 만나지 못하고 귀임한 현 시점에서는 꿈같은 얘기다. 기자도 '한·일 원팀'을 얘기할 때마다 '이상도 아니고 거의 몽상 수준'이라는 핀잔을 자주 받는다.

내가 일본의 추락을 나타내는 통계, 한국이 일본을 따라잡은 순위표를 반기는 이유다. '일본, 망해라'의 심정이 아니다. '더 가까워지게 됐다'라는 반가움이다. 한국에 대한 일본의 우월의식, 일본에 대한 한국의 반감과 콤플렉스는 많은 전문가가 지적하는 대로 한·일관계를 어렵게 만드는 요인이다.

일본이 미국을 추월할 기세로 잘나갈 때, 한국의 1인당 국민소득이 일본의 6분의 1일 때 원팀이 가능할 리는 없다. 세계에서 가장 노인 비율이 높은 나라가 되는 2040년 중반이면 한국도 주변 경쟁국과 경쟁에서 헉헉델 것이다. 수십 년 동안의 경기침체와 인구 절벽에 직면한 일본 역시 홀로서기에 한계를 맞을 시점이다.

수출제조업 국가 한국이 살아남으려면 일본의 소재·부품·장비 경쟁력이 필수다. 일본은 한국의 디지털경쟁력 없이 미래가 없다. 한국의 노동생산성도 일본 못지않게 낮은 수준이지만 디지털화의 덕을 톡톡히 보는 것만큼은 확실하다.

2030년까지 한국의 노동생산성 증가율은 1인당 GDP를 4%포인트 끌어올리는 데 반해 일본의 노동생산성 증가율이 1인당 GDP에 이바지하는 수준은 2%포인트를 밑돌것으로 보인다. 일본 총리 직속 성장전략 회의에 따르면 2019년 일본의 노동생산성은 7만 6,000달러로 주요 G7 가운데 꼴찌였다. 일본경제연구센터는 일본의 노동생산성이 낮은 수준을 벗어나지 못하는 것은 디지털개혁에서 뒤처졌기 때문이라고 진단했다. 특히 행정수속의 전자화가 정비된 한국과 달리 일본은 기업 간 거래에서도 인감과

사인을 사용하는 등 아날로그 방식을 고수하는 것이 눈에 띈다고 지적했다.

미국과 중국의 패권경쟁이 두 나라 경제의 최대 리스크인 점도 이해관계가 일치한다. 이 연구소는 중국이 대만을 침공하는 사태가 발생하지 않더라도 미국과 중국의 냉전이 일어나면 한국, 일본, 대만 등 아시아 주요국 경제가 역성장할 것이라고 경고했다.

미국과 중국의 틈바구니에서 한국과 일본이 단순한 경제 협력 이상으로 간절하게 손잡지 않으면 안 되는 때가 10~20년 앞으로 다가오고 있다. 한·일 원팀이 당장 미국과 중국 수준의 초강대국이 되기는 어려울지 모른다. 하지만 미국과 중국에 꿀리지 않는 선진국은 되고도 남을 것이다. 일본이 만든 무대에서 한국이 열연하는 연극의 상영을 기대하는 것은 결코 몽상이 아니라고 믿는다.

경제, 정책, 산업, 인구로 살펴본 일본의 현재와 미래

일본이 흔들린다

제1판 1쇄 발행 | 2022년 12월 28일
제1판 3쇄 발행 | 2023년 2월 15일

지은이 | 정영효
펴낸이 | 오형규
펴낸곳 | 한국경제신문 한경BP
책임편집 | 김종오
외주편집 | 배민수
저작권 | 백상아
홍보 | 이여진 · 박도현 · 하승예
마케팅 | 김규형 · 정우연
디자인 | 지소영
본문 디자인 | 디자인 현

주소 | 서울특별시 중구 청파로 463
기획출판팀 | 02-3604-590, 584
영업마케팅팀 | 02-3604-595, 562   FAX | 02-3604-599
H | http://bp.hankyung.com   E | bp@hankyung.com
F | www.facebook.com/hankyungbp
등록 | 제 2-315(1967. 5. 15)

ISBN 978-89-475-4869-4   03320